日本労働社会学会年報

2018

第29号

〈自律的〉労働を問う
——労働者統制の現在と「働き方改革」の論点——

日本労働社会学会
The Japanese Association of Labor Sociology

2018 ——————— 目　次 ——— 日本労働社会学会年報 29

特集　〈自律的〉労働を問う
── 労働者統制の現在と「働き方改革」の論点 ——— 1

1　特集企画の趣旨 ……………………………………今井　　順… 3

2　「働き方改革」の論点と労働研究 …………………京谷　栄二… 11

3　ICTと雇用関係によらない働き方・労働者性の動揺 ……川上　資人… 45

4　事務派遣労働者の働き方と自律性 ………………大槻　奈巳… 62

5　現場の「自律性」の再検討──自動車産業を事例に── ………伊原　亮司… 86

書　評 ——————————————————— 111

1　坂幸夫著『外国人単純技能労働者の受け入れと実態』…惠羅さとみ… 113

2　柴田徹平著『建設業一人親方と不安定就労
　　──労働者化する一人親方とその背景──』………………金子　満活… 118

3　藤岡伸明著『若者ノンエリート層と雇用・労働システム
　　の国際化──オーストラリアのワーキングホリデー制度を利用
　　する日本の若者のエスノグラフィー──』 ……………宮本みち子… 123

4　本田一成著『チェーンストアの労使関係
　　──日本最大の労働組合を築いたZモデルの探求──』…………呉　　学殊… 128

5　渡辺拓也著『飯場へ──暮らしと仕事を記録する──』………大西　祥惠… 135

6　松永伸太朗著『アニメーターの社会学
　　──職業規範と労働問題──』…………………………………浅川　和幸… 141

日本労働社会学会会則（145）　編集委員会規程（148）　編集規程（149）

年報投稿規程（149）　幹事名簿（152）　編集後記（153）

ANNUAL REVIEW OF LABOR SOCIOLOGY
2018, No.29
Contents

Special Issue: Questioning the Concept of "Autonomous" Labor-Contemporary Worker Control and the Issues of "Work Style Reform"

1. Introduction to the Special Issue   Jun IMAI

2. The Issues of "Work Style Reform" (Hatarakikata-Kaikaku) and Labor Studies
                                                                            Eiji KYOTANI

3. Destructive Impacts of the Use of ICT and the Independent Work Outside the Employment Relation   Yoshihito KAWAKAMI

4. Work Style and Autonomy for Clerical Dispatched Workers   Nami OHTSUKI

5. Re-Examination of "Autonomy" in the Workplace: A Case of Auto Industry
                                                                            Ryoji IHARA

Book Reviews

1. Yukio SAKA, *Acceptance and Facts on Foreign Non-Skilled Workers: With a Focus on Technical Intern*   Satomi ERA

2. Teppei SHIBATA, *Dependent Contractor and Unstable Employment in the Construction Industry: Workerization of the Dependent Contractors and the Backgrounds*   Mitsukatsu KANEKO

3. Nobuaki FUJIOKA, *Non-Elite Young People and the Internationalization of the Japanese Labor-Employment System: An Ethnography of Japanese Working Holiday Makers in Australia*   Michiko MIYAMOTO

4. Kazushige HONDA, *Labor-Management Relations in Chain Store Industry: In Search of the Model Z Building up the Largest Union in Japan*   Haksoo OH

5. Takuya WATANABE, *Hanba: An Ethnography of a Japanese Construction Laborers Camp*   Yoshie ONISHI

6. Shintarou MATSUNAGA, *Occupational Norms and Labor Problems: Sociological Investigation of Animators' Work*   Kazuyuki ASAKAWA

The Japanese Association of Labor Sociology

特集　〈自律的〉労働を問う
――労働者統制の現在と「働き方改革」の論点

1　特集企画の趣旨　　　　　　　　　　　　　　　　　　　今井　　順

2　「働き方改革」の論点と労働研究　　　　　　　　　　　京谷　栄二

3　ICTと雇用関係によらない働き方・
　　労働者性の動揺　　　　　　　　　　　　　　　　　　　川上　資人

4　事務派遣労働者の働き方と自律性　　　　　　　　　　　大槻　奈巳

5　現場の「自律性」の再検討　　　　　　　　　　　　　　伊原　亮司
　　――自動車産業を事例に――

日本労働社会学会年報第29号〔2018年〕

特集企画の趣旨
〈自律的〉労働を問う──労働者統制の現在と「働き方改革」の論点

今井　順
（上智大学）

　「働き方改革」が社会的・政治的議論になっている。長時間労働の是正による
ワーク・ライフ・バランスの達成や同一労働同一賃金など、改革が対象とする課
題は多岐にわたる。キーワードは「自律的な働き方」だろう。典型的には裁量労
働制の拡大やホワイトカラーエグゼンプションの導入計画が挙げられるが、非正
規雇用の拡大がそれを「選べる」点を強調してきたように、フリーランサーなど
の「雇用によらない働き方」も、やはり自律の名の下に拡大されようとしている。
だが、こうした名目の下で進められる一連の改革が、近代的労働社会が構築して
きた「労働」概念を大きく転換しようとしていることを見逃してはならない。今
般議論されている様々な法制度改革の方向性は、「労働時間」「雇用契約」「労働
者性」といった、戦後の労働法が大前提としてきた諸概念を大きく動揺させてい
る。すなわち、近代的労働社会が構築してきた社会的規制の基盤を溶解させ、労
使関係の影響を排除した統制の道を用意・拡張しつつあることを意味している。
これらの改革が可能にする新たな労働者統制のありかたは、果たして本当に労働
者の自律を保証するのだろうか。それを可能にする条件を考えることはできるの
だろうか。そして、こうした動きに対していかなる（社会的）規制のオルタナ
ティブを示すことができるのだろうか。

　第29回学会大会では、こうした問題意識に基づき、「〈自律的〉労働を問う─
労働者統制の現在と『働き方改革』の論点」と題するシンポジウムを行うことと
なった。現在進められている雇用・労働改革の論点を明らかにしながら、労働現
場の実態からその改革の方向性を批判的に検証しようとするものである。「自律」
を強調した働き方改革の方向性を、労働市場の様々なセグメントの現場の文脈に

即して理解し、これらの実態に対して既存の企業社会論、労働過程論がいかなる分析視点を提供しうるのか、あるいは今、労働研究に何ができるのか、議論することが目的である。そのために、以下の「現場」を取り上げて、議論を進めることを考えた。

① 「働き方改革」の論点と労働研究——「働き方改革」の議論は、「自律」をどのように捉えているのか。「自律」の名のもとに、どのような改革が行われているのか？労働研究には何が求められているのか？

② ホワイトカラー労働——ホワイトカラー労働の統制管理は労働時間という軸を離れ、成果と自己裁量を基盤とする体制へと移行している。こうした変化が「労働時間」や「労働者性」といった概念や、労働者の自律性にどう影響しているのか？

③ ICTと請負——情報コミュニケーション技術の発展により、固定的な「職場」を持たない働き方の導入も進められようとしている。この動きは請負労働の拡大と相性が良いが、こうした新しい働き方は労働者の自律を促すのか？[1]

④ 派遣労働——派遣労働もまた雇用の多様化の一部であり、雇用関係と使用関係の分離により「雇用契約」概念を揺るがしている。こうした変化は、非正規雇用労働者の働き方とキャリアにどのような影響を与えているのだろうか？

⑤ 生産の現場は、担い手の構成（非正規雇用や請負の拡大）の変化により統制技術が大きく変化せざるを得ない状況にある。そもそも「自律」など視野にない働き方が拡大していないか？これまでの労働過程論等の枠組みで労働者の自律を議論し続けることが妥当なのか？

こうした問題提起に対して、今回は4人の登壇者の方々に、概ね①から⑤までの論点をカバーする報告をしていただいた。それぞれの報告の詳細については本文を参照していただきたい。ここでは、それぞれの報告の趣旨を簡単に紹介した上で、シンポジウム当日の議論の論点を整理しておきたい。

第一報告は、「『働き方改革』の論点と労働研究」と題した、京谷栄二氏のご報告であった。氏はまず第二次安倍政権の雇用・労働改革について、①雇用維持型から労働移動支援型への転換、②派遣法のさらなる緩和、③ホワイトカラーエグゼンプションの導入、④多様な正社員制度と同一労働同一賃金、⑤女性の処遇の改善、といった柱があることを示した。また、こうした政策をあらためてこれまでの雇用労働の変化の歴史の上に置きなおし、その意味を確認している。その上で、改革の議論を主導する鶴光太郎・玄田有史・八代尚宏といった論者の「労働研究」について、解雇規制、若年層と中高年層の置換効果といった議論を批判し、例えば鶴が雇用労働の法的規制や労使関係の解体を主張する際に依拠する「エンパワー化された個人」といった概念の空疎さを指摘する。改革の具体例については、例えば長時間労働規制や「高度プロフェッショナル制度」導入について、それらが仕事の進め方や労働時間の管理責任を労働者に付け替えるもので、労働者のさらなる長時間労働や自律性の喪失につながると批判している。使用者の管理責任を問うこと、また労働組合の規制力、特に労働密度を規定する生産計画、要員計画などを規制する力を復興しなければいけないとの議論を、力を込めて話された。

　第二報告は、日本労働弁護団所属で、交通の安全と労働を考える市民会議等でも活動をしておられる川上資人弁護士による、「ITと雇用関係によらない働き方・労働者性の動揺」というご報告であった。この報告では、ウーバー・リフト・Airbnb等に代表される「シェアリングエコノミー」について、その中でもライドシェアと呼ばれるサービス業態で典型的に使われている「請負」での働き方の実態を、その代表的企業である「ウーバー」の例に即してご報告いただいた。請負形態をとることの目的は雇用関係を避けることであり、こうした企業の活動の中心地である米英でどのような問題を引き起こしているのかが具体的に紹介され、日本でも導入への準備が進められていることに対し警鐘を鳴らす報告となった。

　ライドシェアの問題は、まずもって雇用責任の不在である。ウーバーのドライバーたちは個人事業主として扱われているが、実質的には手数料・運賃の決定に対して裁量がなく、厳しい「労働条件」を課された上で突然「解雇」されたり、規制の厳しい地域から突然撤退（ドライバーは失職）したりといった問題を起こ

している。とても個人の意思に基づく「自由」な働き方とは言えないというのが、氏の主張であった。また雇用責任の不在のほか、業法の適用も避けていることから生まれる運送責任の不在、巨大な資本を利用した低価格戦術で市場を席巻することによる公共交通の破壊といった懸念も示された。もっとも海外では、訴訟・労組の活動により、ドライバーの労働者性が認められる方向性が明らかになっているという。

　第三報告は、大槻奈巳氏による、「事務職派遣労働者の働き方と自律性」についてのご報告であった。現在派遣労働者として働いている人たちは、なぜ派遣で働いているのか、派遣労働者のキャリア形成にとって派遣労働者であることはどのような意味を持っているのか、特に事務職派遣労働者に焦点を当て彼・彼女らにとっての「自律」がどのような意味を持っているのか、調査データを用いて考えるという趣旨であった。報告ではまず派遣法の改正状況についての検討があり、その影響としてどのようなことが考えられるのか紹介があった。次に、派遣法改正の趣旨を派遣労働者がどの程度知っているのか、どの程度知らされているのか、報告者の調査に基づき確認している。その上で、事務職派遣労働者26人のキャリアが検討されている。大きく分けて3つ、細かく分けると7つのパターンが示された。こうしたパターンを検討した主たる結論としては、派遣労働者の間に、①正社員の働き方は「自律的ではない」と忌避する傾向、②しかし、派遣の不利な労働条件は十分に理解していること、③国家資格を持っているような層が何らかの理由で事務職派遣にきていること、④直接的な雇用関係がないので問題解決に「自律性」がないことなどが示された。

　第四報告は、自動車産業の生産現場についてきわめて豊富な実地調査経験を持つ伊原亮司氏による、「自動車産業の現場における『自律性』の変化」と題するご報告であった。「職場」に焦点のある唯一の報告である。氏はまず現在の製造業を取り巻く環境変化の要因を、市場志向・グローバル化と整理し、それらが製造現場に「職場の柔軟性の維持拡大」と「雇用の柔軟性の拡大」という二つの大きな要請のうねりを作り出していると指摘する。これが実は一方で現場の重視、他方でその軽視という矛盾を引き起こし、現場における労働の「自律性」に大きな影響を及ぼしているという。氏は「自律性」という概念を再考し、「労働者の

抵抗・反発」を本質的な自律とする考え方を退け、企業ごと・職場ごとに管理する意思は多様であり、それに対して歴史的に蓄積されてきた経営との付き合い方、労働者どうしの距離の取り方、すなわち経営と労働の文化が交差する中に職場独自の「許容範囲」や「倫理」の存在を見る。昨今の「現場重視・軽視の矛盾」は、経営による「現場文化の軽視」と「現場の結果責任重視」と解釈できるものであり、それがこれまで紡ぎあげてきた文化を破壊していたり、これまでの文化では対応できない状況を作っているという。むろんこうした混乱は業績にも反映するし、企業社会論で議論されたようなキャリア観も限界を見せており、全体として職場秩序は弱体化していると結論している。

　以上の報告を受け、全体討論を行った。今回のシンポジウムではコメンテーターを立てなかったことから、当日研究活動委員会からそれぞれの報告とシンポジウムの趣旨とのかかわりについて整理した資料を示した（**表1**「議論の見取り図」参照）。資料では、それぞれの報告の内容を、労働時間、雇用契約、そして労働者性といった諸概念、労使関係とのかかわりといった視点で整理し、最終的に報告内で扱われている「自律性」の内容と改革による影響をまとめている[2]。資料では労働時間、雇用契約、労働者性の諸概念を並列させているが、基本的には「労働者性」を上位概念と理解しておくべきだろう。「労使関係とのかかわり」は、それぞれの報告で労使関係は大きく重なりながらも少しずつ異なる文脈で立ち現われており、それを整理している。以下、当日出された議論も交えながら、論点を確認しておきたい。

　京谷報告の主眼は安倍改革における働き方改革批判であり、ここでの整理に収まりきらない広がりを持つものであった。ただし、「自律」とかかわる主要な例として取り上げられた高度プロフェッショナル制度については、裁量労働制がそうであるように賃金と労働時間の関係を脱連結することによって労働者性を動揺させるものだと指摘する。現実の裁量労働者は仕事内容・責任を選べておらず、改革は単に管理責任の付け替えに過ぎないという。ここでの自律性は仕事内容・責任についての裁量として理解されている。労使関係とのかかわりで重要なのは、結局関係のないところに自律性があり得るのかという、根本的な問題提起であった。労働組合の交渉力の復活が主張されたのはこの文脈である。

8 特集 〈自律的〉労働を問う

表1 議論の見取り図

(敬称略)

報告者	トピック	労働時間・労働者性・雇用契約とのかかわり			労使関係とのかかわり	扱われている「自律性」の内容と、改革の影響
		労働時間	雇用契約	労働者性		
京谷	働き方改革、ホワイトカラーエグゼンプション	多様化傾向 賃金との関係が脱連結されることで労働者性の動揺	存在する雇用と使用の一致	労働時間とのかかわり、管理責任の付け替えにより、被雇用者性が失われる	個別化 関係のないところに自律性があり得るか 管理者責任を問う(従来の労使関係の存在を再評価?)	焦点：仕事の進め方の裁量 管理責任の付け替えに過ぎない(仕事内容・責任は選べていない) 自律性低下→長時間労働・労働強化
川上	「シェアリング」エコノミー	多様化 自営的な働き方なので規制が存在しない	存在しない	自営的な働き方の搾取	存在しない(労働契約、労使関係の迂回) →訴訟等による問題化と「労働者性」再確立の動き	焦点：仕事の進め方、労働時間(ある程度場所も)の裁量 自営的だが、実質は仲介業者の徹底管理→自律性無
大槻	派遣労働、キャリア選択の自律性	ある程度の選択性	存在する雇用と使用の分離	雇用と使用の分離による動揺	存在しない(労働契約、労使関係の迂回) 関係のないところに自律性があり得るか(しかし派遣労働者はそこに自律を見てしまう?)	焦点：仕事内容、労働時間、キャリア選択 一見選択肢があるが、雇用先・使用先に制限されている 交渉する相手がなく、交渉力がない
伊原	工場労働、労働の自律性(文化・職場秩序)、労使関係	(中心的論点ではないが)ある程度一致	多様化 雇用と使用が一致する労働者と分離している労働者の共存	多様化	関係の動揺 関係のないところに自律性があり得るか 企業は非正規にも「文化」の担い手になることを求めている	焦点：仕事の進め方とその文化 関係論的な視点が明確、労使は相互依存的(市場的な関係で、自律・文化が構築できるか問題提起)

　川上報告は、今回の報告中もっとも先鋭的に現在の改革の方向性の問題を指摘するものではなかっただろうか。現在日本でも導入・拡大の動きがあるいわゆる「シェアリング」エコノミーが、仕事の進め方、労働時間、仕事の場所の選択において、働く人が「自律性」を持てることをうたい文句にしているにもかかわらず、結局のところ仲介業者による徹底管理・統制が存在することが述べられた。

雇用関係・労使関係を迂回し、労働組合の交渉力を排除した上で人を使う、ということを目的にしていると考えざるを得ない。海外では個人労働者の告発をベースに、裁判で労働者性を認める判決が積み重ねられており、今後日本で予想される問題に対して先行例となっていると言えるだろう。発表では、こうした状況で働く人たちの組織化の現状も触れられていた。

大槻報告は、これまでの労働研究が「自律性」概念について、いくつもの側面を指摘してきたことを確認させてくれる。分析によれば、派遣労働者は正規雇用に「自律性」が欠けると考え非正規雇用を選んでいる。しかし彼らもまた、仕事内容、労働時間、仕事の場所、キャリア選択において、自ら決定できているとは言えない。自己決定しているように見えるキャリア選択においてさえ、その選択肢はあらかじめ派遣事業者によって狭められている。仕事内容や労働時間、仕事の場所などについて問題を抱えたとしても、使用関係にある職場に雇用関係がなく、職場の労働組合を介して問題化することすらできない。スキルを身に付けることも、キャリア選択・仕事のやり方に対する裁量の源泉にはなりえていない。それどころか、正規雇用でスキル形成に確信が持てず資格を持って外部労働市場に出ても、それを生かせるような仕事に就けず、スキルが「自律」を保証しない状況があるという。

伊原報告は、製造現場の現状報告を起点に、「自律」に関する理論的なポイントも提示している。特に「自律」を本質論的に語るべきではないという主張は、この問題を考えるときに関係論的視点をとることの重要性を指摘している。こうした視点を採ることで、伊原氏は（特にその著作や当日の議論で示唆された通り）労使関係と市場関係を対比し双方を相対化する視点を提供しており、市場論者が市場メタファーで語る自律が「社会関係の真空状態」でしかないことに我々の注意を向けてくれる。結局自律性とは労使がそれぞれの意思を戦わせる中で編み上げられる文化として立ち現われるのであって、雇用の多様化（現場従業員の多様化）がこれまで職場の柔軟性を支えてきた職場秩序を弱体化しているという指摘は大変重要だろう。結果として、労使関係という関係性を維持しておくこと、その中で自律の文化をはぐくむことの重要さをあらためて強調する論点を提示した。

10 特集 〈自律的〉労働を問う

　報告から討論まで全体を通して考えてみると、今回のシンポジウムでは二つの
ことが確認できたように思われる。一つは、これまでの労働社会学が、「自律」
概念をそれぞれの現場・現象に即して具体的に操作化してきており、昨今の改革
がもたらす影響について有益な知見を提供していることである。各報告で批判さ
れているように、現在の改革はその旗頭となっている「自律」概念の内実が空疎
で、また雇用関係・労使関係を迂回することで極めて直接的な統制を志向してい
る。労働社会学が鍛えてきた概念は、こうした議論に対峙できる有効な基点にな
りえるはずだ。今一つは、「自律」が関係論的な概念である以上、雇用関係・労
使関係という関係性の存在が重要だとあらためて確認されたことである。現在の
危機の一つは、雇用関係・労使関係が徹底的に迂回されようとしていることにあ
る。これまで構築してきたこれらの関係には多くの問題が存在しているが、労使
がかかわり合うチャンネルの存在そのものは評価しておかなければならないとい
う点が、各報告の共通理解ではなかったか。全体討論でも、どのようにしてこれ
らの問題を労使の問題として位置付けていくのか、どのように戦っていかなけれ
ばならないのか、といった点について意見が多く出された。働き方をめぐる社会
的な議論が新しい局面を迎え、あらためて他国の事例から学ぶ必要性が指摘され
たことも付記しておきたい。

〔注〕

1　　有償家事労働の拡大もまた、働く場所や時間の多様なアレンジメントが可能であること
　　から、エスニシティ・ジェンダーのラインと交差しながら、職場の孤立、雇用関係の非公
　　式化、「労働者性」の溶解を進めてしまってはいないか、問題として提起されたことを記
　　しておきたい。
2　　この表は、2017年9月2日に行われたプレシンポの席上で、研究活動委員会からの論点
　　の提示を目的として整理されたもので、各報告の議論を正確にまとめることを必ずしも意
　　図していない。また、当日資料には「働く場所と時間」の共有・個別化の傾向も記してい
　　た。労働者の働く場所と時間が共有されているのかそれとも個別にばらばらなのかという
　　問題は、改革の結果として見てもよいし、また連帯の可能性を考える際の条件として捉え
　　ることも可能で、重要な変数ではないかと思われたが、本稿では割愛している。

──────── 日本労働社会学会年報第29号〔2018年〕─

「働き方改革」の論点と労働研究

京谷　栄二
（長野大学）

序　第二次安倍政権と雇用・労働改革

　2012年12月の衆議院総選挙によって成立した第二次安倍政権は、「世界で一番企業が活躍しやすい国を目指します」（第183国会施政方針演説2013年2月28日）を標語に雇用・労働改革を推進してきた。

　その政策の基本は、成長分野への人材の移動による競争力の強化と経済成長の実現のために、わが国の労働政策を「行き過ぎた雇用維持型」から「失業なき労働移動」を実現する「労働移動支援型」へ転換すること。同時に労働市場を流動化させるために「解雇規制の緩和」と解雇事案の金銭による解決システムの導入が検討されている。第二に、労働者派遣法のさらなる規制緩和を推進し、労働者派遣事業を届出制から許可制へ一本化すると同時に、3年の期間制限を越えても、別の労働者に入れ替えれば当該業務に派遣労働者を活用できる、いわゆる「永久派遣」が可能になった（改正労働者派遣法2015年9月30日施行）。

　第三に、労働基準法第37条「時間外、休日及び深夜の割増賃金」の対象外となる労働者を拡大するための労働基準法の改定、いわゆる「ホワイトカラー・エグゼンプション」である。この改定は第189回通常国会（会期2015年1月から9月）に提案されたが審議未了・継続審議となり、2018年1月に召集された現在の第196回通常国会に再提案されている。第四に、「多様な働き方」を広げるために、勤務地、職務、労働時間などを限定した「多様な正社員」制度の普及と拡大を図る。第五に、そのためにも正規雇用労働者と非正規雇用労働者との労働条件の格差を是正し、「同一労働同一賃金」の実現をめざす。最後に、女性の活躍を

促進し「すべての女性が輝く社会」の創造のために、子育て支援、待機児童の解消を進めるとともに、働く女性の処遇を改善し「2020年に指導的地位に占める女性の割合30％」を実現する（すべての女性が輝く社会づくり本部（本部長・安倍総理大臣）「すべての女性が輝く政策パッケージ」2014年10月10日、http://www.kantei.go.jp/jp/headline/brilliant_women/pdf/20141010package.pdf）。

　以上の雇用・労働にかかわる政策は、産業競争力会議および規制改革会議という総理大臣に諮問する審議会において基本が決定される。しかしこの審議会から労働者代表は排除されており、政使公益代表による審議会にて議論された政策が閣議決定された後に、厚生労働省の労働政策審議会に提案される。もはやそこでは有効な議論を保障する条件はなく、実質的には「労働なきコーポラティズム」の機構によって政策決定が行われる[1]。

1. 日本の雇用・労働の現状

（1）現状の俯瞰

　筆者は現代日本の労働の構図を**図1**のように考える。この全体像を規定する基本動向は正規雇用の縮小と非正規雇用の拡大である。1990年代中盤以降、正規雇用労働者は減少するのに対して非正規雇用労働者が増加し、後者が全体に占める割合は1994（H6）年の20.4％に対して2017（H29）年では37.3％と4割近くを占めている（**図2**）。この動向を生み出した要因は「雇用の多様化と柔軟化」を追求する企業の経営戦略と非正規雇用の活用を容易にする自民党政府の労働規制の緩和政策である。

　日本経営者団体連盟は「新時代の『日本的経営』」1995年において、企業が雇用する労働者を、従来の正社員に相当し企業活動の基幹を担う長期蓄積能力活用型、有期雇用契約で研究開発などの部門に従事する高度専門能力活用型、有期雇用契約で一般職、技能部門、販売部門などに従事する雇用柔軟型に分類する雇用ポートフォリオを発表し、多様な形態の雇用労働者を企業の目的に応じて柔軟に活用する戦略を提唱した。それ以降の雇用動向はこのポートフォリオに即して、長期蓄積能力型の正規雇用労働者の縮小と、パート、アルバイト、派遣社員、契

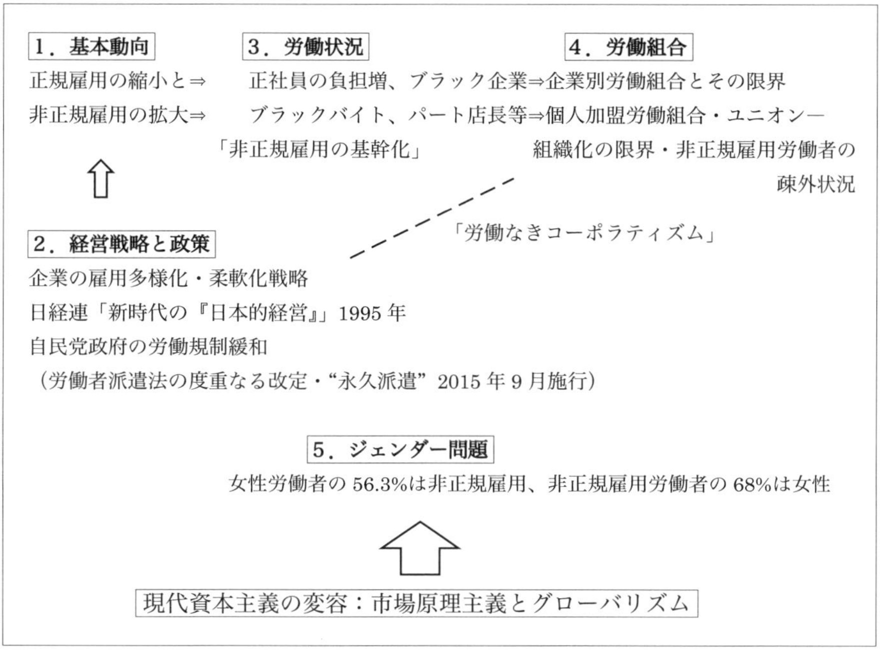

```
┌─────────────────────────────────────────────────────────────────┐
│  ┌1．基本動向┐      ┌3．労働状況┐       ┌4．労働組合┐              │
│  正規雇用の縮小と⇒   正社員の負担増、ブラック企業⇒企業別労働組合とその限界  │
│  非正規雇用の拡大⇒   ブラックバイト、パート店長等⇒個人加盟労働組合・ユニオン─ │
│                   「非正規雇用の基幹化」      組織化の限界・非正規雇用労働者の │
│       ⇧                                            疎外状況      │
│  ┌2．経営戦略と政策┐              「労働なきコーポラティズム」        │
│  企業の雇用多様化・柔軟化戦略                                      │
│  日経連「新時代の『日本的経営』」1995年                               │
│  自民党政府の労働規制緩和                                         │
│  (労働者派遣法の度重なる改定・"永久派遣"2015年9月施行)                 │
│                    ┌5．ジェンダー問題┐                           │
│          女性労働者の56.3％は非正規雇用、非正規雇用労働者の68％は女性    │
│                           ⇧                                   │
│  ┌現代資本主義の変容：市場原理主義とグローバリズム┐                    │
└─────────────────────────────────────────────────────────────────┘
```

図1　現代日本の労働の構図（布置連関と構造）

約社員など雇用柔軟型の多様な非正規雇用労働者の増大という傾向をたどった。

　自民党政府の労働規制緩和を労働者派遣法の改定について確認する。1985年に制定された労働者派遣法は1996年に派遣業務を16から26業務へ拡大する改定が行われ、1999年には派遣できる業務を定める「ポジティブリスト」から、派遣できない業務を定める「ネガティブリスト」方式へ転換する大幅な規制緩和が実施された。さらに、2003年に派遣期間を1年から3年に延長、2004年に製造業務を適用対象に加える改定、2006年には派遣期間が1年に制限されてきた業務について最長3年までの延長を可能にするほか、ソフトウェア開発などの業務については受け入れ期間の制限を撤廃し、製造業務への派遣も2007年3月以降期間を3年へ延長する改定が行われた。そして日雇い派遣の原則禁止による規制強化が行われた2009年9月から2012年12月までの民主党政権の時期をはさんで、

14 特集 〈自律的〉労働を問う

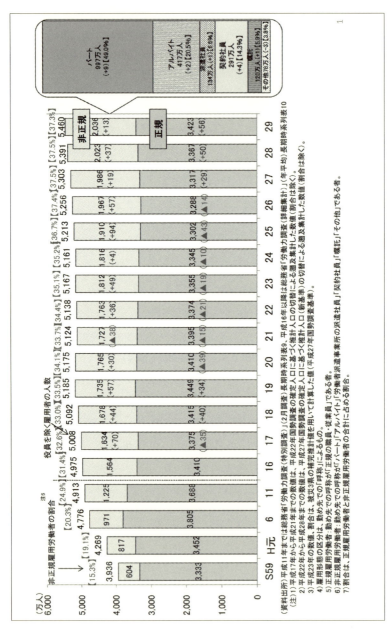

図2 正規雇用の縮小と非正規雇用の拡大

出所：厚生労働省「非正規雇用」の現状と課題」1頁。http://www.mhlw.go.jp/file/06-Seisakujouhou-11650000-Shokugyouanteikyokuhakenyukiroudoutaisakubu/0000120286.pdf

第二次安倍政権によって「常用代替防止の原則」を転換し派遣労働を常態化させる抜本的な改定が行われた。2015年9月30日に施行された労働者派遣法改正法において、労働者派遣事業が届出制から許可制へ一本化されると同時に、「労働者派遣の期間制限」が見直され、3年を越えても派遣労働者個人を入れ替えれば、期間の制限なく派遣労働者を活用できるように改訂された（ただし派遣先の事業所の過半数労働組合等から意見を聞く必要）。

　このように自民党政府の労働規制緩和政策による法制度の環境整備と企業による「雇用の多様化と柔軟化」戦略が一体となって展開された結果、縮小する正規雇用労働者には、違法行為によって労働者を酷使する「ブラック企業」や依然として深刻な過労死・過労自殺の問題に示される労働負荷の増大が生まれる。他方では、パート店長やアルバイト・リーダーなどの例に示されるように正規雇用労働者の代わりに企業の基幹的業務を非正規雇用労働者が担う「非正規雇用の基幹化」という新たな状況が生まれ、これに関連してアルバイトの勤務に対する拘束が強められた結果、アルバイト学生が授業や試験に出られないという「ブラックバイト」が社会問題となっている。そして正規雇用労働者と非正規雇用労働者の間には大きな処遇と労働条件の格差が存在する。**図3**によって賃金の格差を時給でみると、一般労働者（正社員・正職員）の平均賃金1,937円、一般労働者（正社員・正職員以外）1,293円、短時間労働者（正社員・正職員以外）1,081円であり、正社員100に対して、それぞれ66.8、55.8の格差がある。格差は年齢階級別にもみられ、正社員の賃金は50歳代に向けて年功的に上昇するのに対して正社員以外の賃金は年齢に関係なく低位で推移する。賃金格差を男女別に月給でみると、男の正社員・正職員は348.4千円、正社員・正職員以外は234.5千円、100:67.3であり、女の正社員・正職員は263.6千円、正社員・正職員以外は189.7千円、100:72.0である。さらに男の正社員・正職員の月給と女の正社員・正職員および正社員・正職員以外を比較すると、前者を100とした場合それぞれ75.7、54.4の格差がある（厚生労働省「平成29年賃金構造基本統計調査の概況」11頁より、http://www.mhlw.go.jp/toukei/itiran/roudou/chingin/kouzou/z2017/dl/13.pdf）

　この20年余の雇用と労働の変化は日本の労働組合にどのような問題を投げかけているのだろうか。日本の労働組合の中心は正規雇用労働者によって組織され

16　特集 〈自律的〉労働を問う

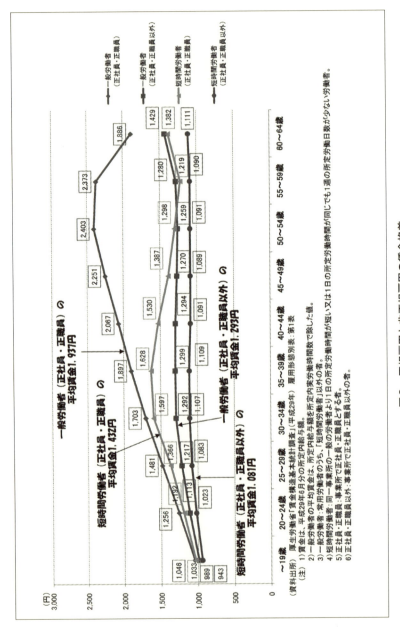

図3　正規雇用と非正規雇用の賃金格差
出所：厚生労働省同上資料5頁。

る企業別労働組合であるが、正規雇用労働者の減少と非正規雇用労働者の増大は企業別労働組合を組織化の限界に直面させる。他方、非正規雇用労働者の問題に対応して生まれ増加した個人加盟労働組合（ユニオン）も組織化の限界を迎えている。不当解雇やハラスメントなど個々の問題を抱える労働者がユニオンに支援を求めて加盟するのであるが、しかし自らの問題が解決するとユニオンから離れていくという、「回転ドア」にたとえられる個人加盟であるがゆえの組織化の困難がある。またその背景には、後述するように、職場の外に支援を求めざるを得ない非正規雇用労働者が置かれた疎外状況が存在する。そして現時の政策決定の機構は労働組合の関与を縮小する「労働なきコーポラティズム」の様相を呈している。

さらに以上の動向と状況はジェンダー問題と深くかかわる。「労働力調査2017年」によれば、正規の職員・従業員と非正規の職員・従業員の比率は男女計で62.8対37.2、男では78.2対21.8、女では44.5対55.5であり、女性の雇用者では非正規雇用が過半数に及ぶ。また男女計の非正規の職員・従業員2036万人のうち女性は1389万人であり68.2％を占める（総務省統計局「労働力調査2017年」: 8「表7　雇用形態、年齢階級別役員を除く雇用者の推移」(http://www.stat.go.jp/data/roudou/2.html)より）。そして先に示したように男女間には大きな賃金格差が存在する。

最後に以上の日本の労働の状況は、市場原理主義とグローバリズムが展開する現代資本主義の変容によって規定されている。

2．安倍政権の雇用・労働改革と労働研究

安倍政権はわが国の経済成長の隘路である少子高齢化の問題に真正面から立ち向かい、成長と分配の好循環を実現するために、「一億総活躍社会」の創造をアベノミクスの第二ステージの重要な政策課題として掲げ（「一億総活躍社会の実現に向けて緊急に実施すべき対策」2015年11月26日）、2016年6月2日に「ニッポン一億総活躍プラン」を閣議決定した。このプランの重要課題として「働き方改革」が位置づけられ、①「同一労働同一賃金の実現など非正規雇用の待遇改

18 特集 〈自律的〉労働を問う

善」、②「長時間労働の是正」、③「高齢者の就労促進」の三つの重点課題が示された。

　本章では安倍政権の雇用・労働改革の論点とそれに関係する労働経済学者などの見解を検討する（ただし上記の「高齢者の就労促進」については言及しない）。

（1）解雇規制の緩和をめぐって

1）日本の解雇規制は厳しすぎるか

　解雇規制に関しては規制改革会議のなかで、従来の長期雇用慣行とは異なる雇用契約終了が増大することを予想して、雇用契約終了にまつわる紛争解決のあり方が検討されている。企業が実施する解雇に対して日本の法理では解雇権濫用を防ぐために、①人員削減の経営上の必要性、②解雇回避努力義務、③被解雇者選定の妥当性、④労働者・労働組合との協議の4要件が定められている。解雇規制をめぐって日本のこの規制が諸外国に比べて厳しすぎるという議論がみられるが実際にはどうであろうか。日本の解雇制度の国際比較を行った池添弘邦（2002）および野川忍ほか（2003）の研究によれば、欧州では日本並みあるいは以上の規制であり、USAでも無規制ではなく、先任権による規制、苦情処理制度、および訴訟などによる中間段階での規制が機能している。またOECDの報告「雇用アウトルック2013」によれば、正規雇用労働者に対する雇用保護の指数はOECD平均2.29に対して日本は2.09で加盟34カ国中で下から10位であり、非正規雇用労働者に対する指数はOECD平均2.08に対して日本は1.26で34カ国中で下から9位であり雇用保護指数は低い。すなわち日本は先進国のなかで解雇規制は厳しくなく、とくに非正規雇用労働者に対する規制は弱い（京谷2015：2-3）。

2）解雇規制緩和を支える労働研究

　次に解雇規制にかかわる労働経済学者の研究を検討する。

①鶴光太郎の解雇規制と労働生産性の逆相関説。

　鶴は英語圏の研究を参考にして、解雇規制が厳格であると労働生産性が低下するという逆相関説を主張するが、しかし日本においてその説が妥当するのかどうか、十分な実証的根拠は示されない（鶴2009）。鶴が国内の実証として引用する

奥平寛子ほか（2008）においては、労働者寄りの判決が多く出される解雇規制が厳格な都道府県では、「TFP［全要素生産性］が有意に減少することが明らかになった。」と指摘される（奥平他 2008：15、［］内引用者）。しかし労働者を解雇しにくいと技術進歩や生産性の効率化への取り組みがなぜ鈍くなるのか、その因果関係は説明されない。労働者を解雇しやすければより低賃金の労働力に依存して技術革新が妨げられ生産性向上への取組みが鈍くなるのが通常ではないだろうか（同上：4）。

②玄田有史の「置換効果」

　玄田は「中高年雇用維持の代償として若年の雇用機会が奪われる」ことを、雇用の「置換効果」と呼ぶ（玄田 2004：86）。「実際、実証分析の結果からも従業員の中高年齢化が進んでいる大規模事業所ほど、新卒求人を抑制する傾向がみられる。」（同上：103）。他方、適切な年齢構成を維持した企業は、安定した新規採用を実施し好業績を続けた（同：121）。そして「1990年代以降の労働市場の特徴の一つは、既存の中高年社員の雇用を維持する代償として若年の就業機会が縮小したことだった。」と結論する（同上：336）。

　果たしてこの「置換効果」は日本の労働市場の動向として実証できるのだろうか。1992年と2012年の「就業構造基本調査」を比較してみると、正規労働者は全体で87.0へと減少し、年齢層別にみても、35～39歳115.1、55～59歳109.8、60～64歳137.3を除いて、どの年齢層においても減少し、とくに10歳代と20歳代の減少が急速かつ大である。

　1992年から2012年の「常用労働者に占める各年齢層の割合の変化」をみると、全体で80.7％へ減少し、40歳代と50歳代も、50歳代後半を除き減少し、若年層では大幅に減少している（10歳代男子1/4強・女子1/5強減少、20歳代前半では男女とも40％前後減少）。すなわち冒頭に述べた正規雇用削減の傾向は全年齢層において現れており、とくに若年層において顕著に現れる。これをもって中高年労働者の雇用保障が若年労働者の雇用を削減しているといえるのか疑問である（京谷 2015：5-7）。

③「労・労対立」は存在するのか

　鶴光太郎は、「労働者保護がインサイダー保護を通じ、格差問題を更に増幅さ

せる可能性がある」「したがって、格差の問題への真摯な対応は雇用が保障され組織化されている正社員の既得権益にある程度メスを入れることにもつながる。」と述べる（鶴2009：7）。すなわち、労働者内部においてインサイダー＝正社員とアウトサイダー＝非正社員との間に利害対立があるという認識である（インサイダー／アウトサイダー問題）。

この労働者内部での利害対立をより強く主張するのは八代尚宏である。正規雇用と非正規雇用の間の労働条件の格差は、労使の対立によってではなく、正規雇用労働者の恵まれた処遇と非正規雇用労働者の低劣な処遇との格差によって生み出されている、すなわち「労・労対立」である。

「中長期的な経済成長の減速と不況の長期化の下で、企業が正社員の雇用を守るために、より多くの不況期の緩衝役となる非正社員を必要としたのである。」（八代2009：4-5）

したがって両者の格差の是正は、労使間の再分配ではなく労働者間の再分配の問題に置き換えられる。解雇された労働者に対する補償金に関して八代は次のように述べる。「資金の豊かな企業から労働者側がどれだけ多くの補償金を勝ち取れるかという『労使対立』の問題ではない。むしろ、辞めてもらう労働者に対する金銭補償の原資を、企業に残ることのできる労働者の賃金カットなどを通じて調達し、労働者間の『公平性』を図ることが必要な問題である。」（八代2015：144）

果たして「労・労対立」は実証できるのだろうか。八代は繰り返しこの対立を主張するが、しかし実証的根拠は示さない。またこの議論に関連すると思われる玄田の「置換効果」も上にみたように充分な実証的根拠とはみなせない。

④法的規制も集団的労使関係も必要としない個としての労働者

次に本項にかかわる鶴の議論を追う。1990年代以降の「労働市場・雇用システムを取り巻く大きな環境変化」[2]により、「企業の労働需要独占[3]を前提とした『画一的』、『集団的』人事管理・労働条件の決定を見直さなければならないことは明らかである。」（鶴2009：4）したがって「今後の労働市場制度改革に当たっては、まず、労働法制の強行法規や労働組合が労働者を守るという杓子定規的、一律的な発想から転換するべきである。」「そのためには、まず、『労使自治』を

大前提として、労使双方がメリットを感じる形で」雇用や労働条件を決定し、「その上で官は強行規定ではなく任意規定、努力規程を定め、目安、ガイドラインを形成していくべきである。」（同上：39-40）鶴の「一律規制型」から「分権型」への論法に従えば、労働基準法の諸規定は法的拘束力を失うし、19世紀前半イギリス産業革命後の工場法以来積み重ねられてきた国家が法によって労働時間などの労働条件を規制するという近代の歴史と伝統も覆される。

さらに鶴はこう述べる。「これまで『分権型』の障害になっていたものは、労使が必ずしも対等に交渉できない、労働者は弱い立場であるという大前提であった。労働者を完全に『弱者』と捉えるのであれば、確かに強制的な労働法規による強い労働保護や労働組合を通じた団体交渉がなくてはならないであろう。しかし、個々の労働者がなんらかの『力』をつけることで（エンパワー化）で［ママ］交渉力を高めるという発想も重要である。」（［］内引用者）「エンパワー化された個人」について。「高度な知識・技術に基づき専門性の高い労働者の場合、他の労働者と差別化を図ることで自分の選好に応じて多様な雇用形態を選ぶことは可能であろうし、…（中略）…他の労働者と差別化を可能とする能力向上は労働者の交渉力の向上につながる。」（同上：43）かくして鶴は労働組合の交渉力を支える集団的労使関係も否定する。

それでは果たして、鶴の述べるような「エンパワー化」された個人の能力によって交渉力を担保する労働者は実在するのだろうか。

この個人の能力（および実績）を背景とする賃金など労働条件の交渉といえばプロ野球選手が思い浮かぶ。しかしプロ野球選手はプロ野球選手会という労働組合に組織され、不当と思われる労働条件の改定などが行われれば労働組合が介入する。選手会は、読売巨人軍山口俊投手が2017年7月に犯した暴行事件により本人に課された出場停止、罰金、減俸などの制裁に対して、処分が重過ぎるとして巨人に再検討を求め、日本プロ野球組織熊崎コミッショナーに調査や裁定を要求した[4]。

もう少し日常的な労働に移して、安倍政権が導入をめざす「高度プロフェッショナル制度」のモデルとして参照される金融業界の専門職労働者はどうであろうか。

22　特集　〈自律的〉労働を問う

　ウォールストリートで働く金融取引、金融商品開発、金融アナリシスなどに従事する専門職労働者の労働と生態を詳細に描写したグレッグ・スミス『訣別ゴールドマン・サックス』（Greg Smith 2012）をみよう。

　著者のスミスはインターンシップ（競争率45倍）を経て2001年にゴールドマン・サックスNY本社に入社、2、3年の短期雇用契約のアナリストとして採用される。2年後に契約更新されたがA〜Dの4段階で評価され契約更新されるのは半数である。2006年にアソシエイトに昇進したが、昇進できるのはアナリストの4割である。スミスの場合アナリストとして2回の契約更新後にアソシエイトに昇進しているようなので、最初に100人採用されたとすれば、100人が50人に、さらに25人になり、アソシエイトに昇進できたのはその4割10人ということになる。アソシエイトは終身雇用権をもつ正社員であるが、人員整理の対象となりレイオフされる危険がある。その上の職位は末端管理職のヴァイス・プレジデント、さらに上級のマネージング・ディレクター、最上級のパートナー、そしてパートナーの一部が経営の中枢を担うシニア・パートナーとなる。しかしパートナーまで進むものはほとんどいない。

　度重なる人員整理の結果、リーマンショック後の2009年ではゴールドマン・サックスの約3万人の社員の平均勤続年数は5年になった（同上邦訳2012：342）。スミス自身は「危機の間の人員整理の凄まじさを思えば、仕事を失わなかっただけでも神様に感謝しなくてはいけない」と回顧する（同上：307）。

　また彼らの労働実態は、「多くの社員は一年間を通じて、週に85時間というペースで働きつづける。」（同上：214）月に直せば320-40時間、年に4,000時間余りの労働時間である。

　このような雇用不安と過酷な条件のもとでの労働を支える動機は、巨額なボーナス獲得の可能性である。高度な数学の知識を駆使して金融商品の開発などに従事するクオンツ（Quant）と呼ばれる専門職のなかには、メジャーリーグのスーパースター並みに数十億円の年俸を受け取るものもいる。会社に5千万ドル（50億円余）の収益をもたらしたスミスの同僚のボーナスは、計算上は350万ドル（3.5億円余）である（同上：411）。ちなみに当時のCEOの年俸は5千万ドル（50億円余）に達する。

「雇用不安と過労死の薄氷の上で一攫千金を夢見る労働」とでもいえようか。

現時の高度プロフェッショナル制度のモデルとしても参照される金融業界の専門職労働者でさえ実態はこうである。果たして彼らに、「エンパワー化された個人の能力を担保とする交渉力」が存在するといえるのだろうか。

(2) 長時間労働の規制：時間外労働の上限規制

長時間労働の是正は「働き方改革」の重要課題であるが、この政策の推進には2015年12月に過労の末に自殺した電通社員・高橋まつりさんの事件が契機となった[5]。安倍首相は高橋まつりさんの母・幸恵さんと官邸で面会し、幸恵さんの「実効のあるものにしてほしい」との要請に対して、長時間労働の規制は「何としてもやり遂げる」と決意を示した（「日本経済新聞」2017年2月21日　電子版、https://www.nikkei.com/article/DGXLASFS21H2Y_R20C17A2PP8000/）。

しかしその後発表された実際の上限規制は当事者にとってきわめて不満なものであった[6]。

労働時間の規制をめぐる政労使の協議のなかでは、単月での時間外労働の上限を100時間以上にするか未満にするかが攻防戦となり未満とすることで合意に至った。ここで合意された規制の内容を「原則」と「特例」に分けて整理し実際の労働者の生活に及ぼす影響を見る。

〈原則〉

時間外労働の限度は<u>月45時間、年360時間</u>

週11.25時間・1日2.25時間の時間外労働、1日10時間15分の労働が法律で許す原則。

9時開始で7時15分終了、昼休み1時間、午前午後の休憩30分を加えると8時45分終了。

通勤時間90分（東京の平均）を加えると1日の拘束時間は13時間15分になり帰宅は9時半。平日に家族と夕食をともにするのは不可能[7]。

〈特例〉

a．労使合意の労使協定（36協定）においても上回ることのできない時間外労働時間は年720時間（月平均60時間）

労使協定があれば月平均60時間、週15時間、1日3時間の時間外労働で毎日11時間労働が可能

　　9時開始で休憩を加え9時半終了、通勤時間（東京）を含む拘束時間は14時間、帰宅は10時15分。

ｂ．年720時間以内で一時的に事務量が増加する、とくに忙しい場合の上限は月平均で80時間以内（休日労働含）

　　週20時間、1日4時間、毎日12時間労働

　　9時開始で休憩を加え10時半終了。通勤を加えた拘束時間は15時間、帰宅は11時15分。

ｃ．単月では100時間未満（休日労働含）

　　週25時間　1日5時間　毎日13時間労働

　　9時開始で休憩を加え11時半終了。通勤を加えた拘束時間は16時間、帰宅は12時15分。睡眠時間は4,5時間と推測される。

　なおこの特例の適用は、「年6回」および「二ヶ月から六ヶ月平均80時間以内」を上限とするものであるが、しかし制度上は上記ｃの毎日13時間の労働と通勤を加えた拘束時間16時間に及ぶ状態が隔月で3ヶ月可能となる[8]。

　また「勤務間インターバル制度」（欧州では11時間）については努力義務にとどめられた。終業・始業時刻の間に「一定時間の休息の確保に努めなければならない旨の努力義務を課し」「労使関係者を含む有識者検討会を立ち上げる。」また、制度導入の「中小企業への助成金の活用や好事例の周知を通じて、取組みを推進」する[9]。

　上限のなかった36協定により時間外労働の法的規制が脆弱であった状況に対して、法が上限を設定する点は「前進」なのかもしれない。だがしかし、なぜその上限が毎日13時間働く、実質拘束16時間という充分な休息の取れない、過労死・過労自殺の健康被害が危惧される長時間労働を許容するものに落着したのか違和感を禁じえない。

（3）「高度プロフェッショナル制度」（ホワイトカラー・エグゼンプション）

1）法案の経緯

　一部の労働者を時間外労働等の割増賃金の対象から除外するいわゆるホワイトカラー・エグゼンプションについては、2006年から2007年にかけて第一次安倍政権の「労働ビッグバン」において導入が図られたが、過労死を促進する「残業代ゼロ法案」であるとの世論の強い反発を受けて法案の国会提出を断念せざるを得なかった。そして第二次安倍政権で再び、産業競争力会議と経済財政諮問会議の合同会議に提案された（2014年4月22日）。「労働時間ベースではなく成果ベースの労働管理」とし「労働時間と報酬のリンクを外す」この制度の対象となる労働者は、労働基準法の第37条「時間外、休日及び深夜の割増賃金」の対象から除外される（産業競争力会議の雇用・人材分科会主査、長谷川閑史（武田薬品工業会長）提出資料）。2014年7月以降この労働時間制度改定の具体的な制度設計は厚生労働省の労働政策審議会の労働条件分科会に委ねられ、2015年3月2日に「労働基準法等の一部を改正する法律案要綱」を決定し、労働政策審議会は同日この要綱を塩崎厚生労働大臣に答申した。この要綱にもとづき第189回通常国会（会期2015年1月26日から6月24日、9月27日まで延長）に内閣より、年間賃金1,075万円以上の労働者を対象に、「労働時間、休日、深夜の割増賃金等の規定を適用除外する」「特定高度専門業務・成果型労働制（高度プロフェッショナル制度）の創設」、および企画業務型裁量労働制の対象を「課題解決型提案営業」などへ拡大する見直しなどを内容とする「労働基準法等の一部を改正する法律案」が提出された。しかしこの法案は集団安全保障法案をめぐる国会運営の混乱のために成立せず、次期国会への継続審議となった。

　政府は2017年に入って秋の臨時国会への法案提出に向けて準備を進め、当初この法案に反対していた連合の神津会長は7月に至って容認する姿勢に転じ、政労使が合意する方向が報じられた（「朝日新聞」2017年7月12日）。しかし中央執行部や傘下の労働組合から異論が続出し結局7月25日の連合集会で法案への反対を確認した（「朝日新聞」2017年7月26日）。政府は引き続き「高度プロフェッショナル制度」と残業上限規制などを一本化した労働基準法の改定案を9月に開催される秋の臨時国会に提出すべく作業を進めていたが、しかしその直前

に安倍総理は衆議院の解散を決定し、この法案はまたもや継続審議に後戻りした。紆余曲折を経て「高度プロフェッショナル制度」は、2018年1月に召集された現在の第196回通常国会に再提案されている（裁量労働制拡大については法案の根拠となった厚生労働省の調査の不備のために改定案から削除された）[10]。

2) 経営側の意向と論理

① 自由と裁量にもとづくホワイトカラーの労働は時間外割増賃金の対象から除外

「考えること」が重要な仕事であるホワイトカラーでは「労働時間」と「非労働時間」の境界が曖昧であるので、所定労働時間を「賃金計算の基礎となる時間」とみなすことは適切ではない。いいかえれば、所定労働時間が実質的な労働時間とはみなされないので、所定労働時間を越える労働時間に対して割増賃金を支払うのは不適切である（経団連 2005：2-3）。

この考え方に立てば、時間外労働は、深夜・休日も含めて、所定労働時間に行うべきであったが、それが本人の責により行えなかった労働を補填するために行われていることになる。仮にこの議論に即したとしても、所定労働時間内に労働が標準的な速度と密度で遂行されているかどうかを管理する管理者の責任が問われる。この管理者の責任を労働者の責任に摩り替えて時間外等に対する割増賃金の適用を除外することに合理的な根拠はない。

あるいは経営側の言い分は、そのような管理のできない、労働者による裁量の範囲が広く自由度の高い労働であるから、時間外等割増の適用を除外するという理屈なのかもしれない。しかし裁量の範囲が広く自由度が高い労働であっても、労働者の自由と裁量は、企業から与える労働の総枠、労働の質と量、および達成されるべき時間＝納期の枠のなかで実行される。そのような労働であれば、「みなし労働時間」を算定し、それを超える労働時間に対して時間外割増を支払うことによって対応が可能、すなわち「裁量労働制」を適用すれば対応できる。しかし裁量労働制やフレックスタイム制においては時間外、深夜、休日の労働時間は割増賃金の対象である。だからこそ経営者は既存の制度の適用ではなく、時間外等割増賃金の対象から労働者を除外する新制度を要求する。

産業競争力会議における長谷川報告では、時間外割増賃金の対象と対象外が、

「主に現業的業務」・「主に定型的・補助的業務」と「裁量度が高く、自律的に働く人材」に区分される（図4参照）。前者は管理者の指示と管理の下で行われる定型的業務であり個人の裁量度は低く、個人の能力による成果の差は出にくいので賃金を成果ではなく時間で評価することがふさわしい。したがって時間外等の割増の適用対象である。それに対して後者では業務の遂行における裁量度と自律度が高く、仕事の成果は労働時間との相関は希薄であり、個人の能力に強く規定される。したがって労働時間ではなく成果で評価することがふさわしく、時間外割増の適用から除外するのが合理的である。果たしてそうか。これらの労働者の仕事の成果がより強く個人の能力に規定されるならば、賃金評価の能力要素を拡大・強化するのは合理的であるが、しかしそれは時間外割増を廃止する理由には

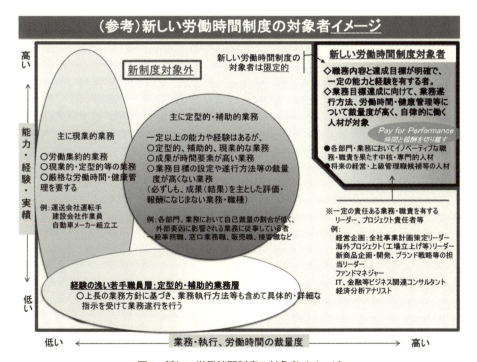

図4　新しい労働時間制度の対象者イメージ
出所：長谷川閑史「個人と企業の成長のための働き方改革　資料5」5頁、2014年5月28日。http://www.kantei.go.jp/jp/singi/keizaisaisei/kadaibetu/dai4/siryou5.pdf

28　特集　〈自律的〉労働を問う

ならない。

②時間外労働と労働生産性

　「提言」のなかでは時間外労働について、その発生原因は非効率的な働き方であり、したがってそれに割増賃金を与えるのは公平ではないという考えが見られる（経団連 2005：5）。いいかえれば、「就業時間中にダラダラと効率の悪い働き方をしているから残業になる。したがって時間外等割増賃金は効率的に働く者と非効率的な者との間の不公平を生む」。この認識は妥当であろうか。所定外労働が発生する理由について企業と労働者の双方を調査した労働政策研究・研修機構2015を見よう。「業務の繁閑が激しいから、突発的な業務が生じやすいから」企業調査64.8％・労働者調査58.5％、「人員が不足しているから（一人当たりの業務量が多いから）」同50.9％・38.2％、「仕事の性質や顧客の都合上、所定外でないとできない仕事があるから」同47.1％・22.4％である——労働者調査では「自分が納得できるまで仕上げたいから」が23.9％を占める。所定外労働時間が長大になる主要な原因は、個々の労働者の効率性ではなく、職場に充当される要員が仕事量に対して過少であるという経営の責任と課題である。

　　この主張は、時間外労働の削減と生産性の向上という経営者が負うべき責任と課題を労働者に負わせる。この転嫁はさらなる長時間・過密労働を生み、サービス残業を増大させる。詰まる所、時間外等割増賃金の廃止は、生産性を向上させて企業業績を上げるべき責任を負う経営者が自らの責任を棚に上げて、生産性向上を労働者の責任に転嫁し、自己犠牲を強要し、労働密度の強化に駆り立てることである。

③年功賃金（定期昇給制）の廃止を企図

　「時間ではなく成果で評価する」「高度プロフェッショナル制度」は一部の高賃金労働者のみではなく、年収700万円以上、あるいは400万円以上のより広い労働者への適用が企図されている（経団連 2005：13）。日本の賃金制度は1960年代の「能力主義管理」以降、能力評価部分が拡大されながら定期昇給制による年功賃金制度が存続してきたのであるが、財界は一貫して年功賃金制度の廃止を主張してきた。これらを合わせて考えれば、「高度プロフェッショナル制度」の要求には日本の賃金体系を根本的に転換しようとする財界の意図が表れている[11]。

④ USA の White Collar Exemption

　ほぼすべての労働者に広がりうる時間外割増賃金の適用除外制度を経営側が希求する動機の一つは、日本の経営者の USA における White Collar Exemption（WE と略記）への憧憬である。

　USA の WE について詳細は省略して要点のみ示す（詳しくは京谷2016を参照）。適用除外 Exemption の対象となる労働者の俸給要件は週給455ドル（5万円余）、年間21,840ドル（250万円余）以上である（2004年改訂による）。すなわち USA では「ホワイトカラー」という名称がついているものの、実際には、ファストフードの店長や訪問介護労働者まで広汎な業種と職業へ広がり低賃金労働者も適用除外されている。1998年のホワイトカラー・エグゼンプト労働者は高めの予測で2,600万人、低めの予測で1,900万人、フルタイムの月給制労働者全体のそれぞれ27％、20％に当る（United States General Accounting Office, 1999）。

　このように「ホワイトカラー・エグゼンプション」という制度の名称とは裏腹に、適用除外制度が広汎な業種と職種の労働者に、低賃金労働者にまで広がり濫用されている事態に対して、オバマ前大統領は2014年3月労働長官宛に覚書「時間外労働規則の更新と現代化」を出して規制の強化を指示し、2016年5月18日に時間外労働規制を改訂する最終規程を発表した。その内容は、①時間外労働規制の適用を除外される労働者の標準賃金を週455ドルから913ドルへ引き上げる。②高額報酬を受け取る従業員のエグゼンプションについては、その要件を年額10万ドルから134,004ドルへ引き上げる。③適用を除外する標準賃金と高額報酬の水準を3年ごとに自動更新する。この制度の実施によって1年以内に時間外労働賃金の保護を受ける労働者が4万人を越えることが見込まれている（Wage and Hour Division, United States Department of Labor, 2016）。

　時間外労働規則を改定するこの規程は2016年12月1日より施行されることになっていたが、しかし同年9月20日にミシガン、ウィスコンシン、オハイオなど21州が時間外労働割増賃金の対象労働者を拡大する規程は州財政に巨大な負担を与えるものだとしてテキサス州シャーマンの連邦裁判所に提訴した。また同日 US 商工会ほか業界団体が、この規程は経済に壊滅的な打撃を与え、経営者に時間賃金労働者とパートタイム労働者を増やすように強要し労働者から職を奪う

と主張して同裁判所に提訴した。その結果同規程の施行は保留されており、この提訴に対して8月31日に同州連邦判事がオバマ政権が制定した規程を無効とする判断を下している。

さらに2017年1月に成立したトランプ政権は、オバマ政権が制定した時間外労働割増賃金に関する規程の改定を無効にする対策を進めると表明し、地域と産業に応じて差異を設けるとともに時間外割増額の引き下げを考えていると述べた（2017年7月18日）。

他方オバマ政権が制定した新規程を改悪する動向に対しては、労働組合に支えられた団体である全国雇用法プロジェクト（National Employment Law Project http://www.nelp.org/）が批判を展開している。

このようにUSAにおけるWEはきわめて流動的な状態にある[12]。

（4）正規／非正規の格差と同一労働同一賃金

1）「無限定正社員」という用語

頻繁に使われる「無限定正社員」という用語は、あたかも雇用が「保障」されていることが正規雇用労働者の無限定な過重労働を生むかのような含意をもち、労働のあり方は労働組合の規制力によって左右されるという労使関係に関する認識が欠落している。労働組合により生産計画、要員、時間外労働、人員配置などが適切に規制されていれば企業による労働力の活用は限定される。

戦後の生産管理闘争における労働組合の規制が想起されるし、1960年代において民間大企業労働組合が労使協調へ転換し労働組合の規制力が消失した後も、組合による規制が存続した事例がある。1980年代半ばまで日産自動車労働組合の職場規制では、生産計画、要員計画、残業の実施、配置転換、応援などについて組合の同意と承認が必要であった（上井1994）。あるいは、私鉄中国広電支部の事例では、組合が乗務員などの要員管理、ダイヤ改正・仕業の組み換え、交通政策（乗客サービス）などに対して経営との協議を通して有効に規制を実施している（飯嶋2016）。

すなわち労働力の利用が無限定であるか限定されるかは労働組合のありようによって変わる。雇用保障と無限定的な働き方を交換する「無限定正社員」という

表面的な認識が、限定的な働き方の替わりに雇用保障のない「限定正社員」という規定を受容させる。職務、勤務地などの限定と雇用保障欠落の組み合わせは必然ではないにもかかわらず。

2）同一労働同一賃金

　政府においても正規雇用労働者と非正規雇用労働者との賃金格差は是正すべき問題として認識されている。「欧州各国に比して、正規労働者と 非正規労働者の賃金格差が大きい。 フルタイムに対するパートタイムの 賃金水準：日56.6％ 米30.3％ 英71.4％ 独79.3％ 仏89.1％ 伊70.8％ 蘭78.8％ 丁［デンマーク］70.0％ 典［スウェーデン］83.1％」と記され、この格差の是正のために「同一労働同一賃金」が提唱される（「ニッポン一億総活躍プラン」2016年6月2日閣議決定：37、［　］内引用者）。

　政府の法案作成に影響力をもった、働き方改革実現会議の構成員である水町勇一郎の研究を検討しよう。

　水町によれば、現在開催中の第196回通常国会に提出される正規雇用と非正規雇用労働者との格差を是正する法案の内容は以下である。まずこの法案による改革は、両者の格差という社会的不公正を改善する社会的側面とその格差が「成長と分配の好循環」を阻害する要因の解消という経済的側面をもつ。「このような趣旨に立ち、本改革では、有期雇用労働者に関する労働契約法、パートタイム労働者に関するパートタイム労働法、派遣労働者に関する労働者派遣法の三法を改正するものとされている。具体的には、有期雇用労働者について不合理な労働条件を禁止した現行の労働契約法20条を削除し、パートタイム労働法の題名をパートタイム・有期雇用労働法（正式な題名は「短時間労働者及び有期雇用労働者の雇用改善等に関する法律」）に改めて、パートタイム労働者と有期雇用労働者とを同法で同じ規制の下に置くこととし、また、派遣労働者については、労働者派遣法を改正して、パートタイム・有期雇用労働法と原則として同じ規制（不合理な待遇の禁止など）を置くこととしている。」（水町 2018：55）

　格差を是正する具体的な措置として「不合理な待遇の禁止」条項が設けられる。

32　特集　〈自律的〉労働を問う

「パートタイム・有期雇用労働法8条」

　事業主は、その雇用する短時間・有期雇用労働者の基本給、賞与その他の待遇のそれぞれについて、当該待遇に対応する通常の労働者の待遇との間において、<u>当該短時間・有期雇用労働者及び通常の労働者の業務の内容及び当該業務に伴う責任の程度（以下「職務の内容」という。）、当該職務の内容及び配置の変更の範囲</u>その他の事情のうち、当該待遇の性質及び当該待遇を行う目的に照らして適切と認められるものを考慮して、不合理と認められる相違を設けてはならない。（同上：60、下線部引用者）

「労働者派遣法30条の3」

　派遣元事業主は、その雇用する派遣労働者の基本給、賞与その他の待遇のそれぞれについて、当該待遇に対応する派遣先に雇用される通常の労働者の待遇との間において、<u>当該派遣労働者及び通常の労働者の職務の内容、当該職務の内容及び配置の変更の範囲</u>その他の事情のうち、当該待遇の性質及び当該待遇を行う目的に照らして適切と認められるものを考慮して、不合理と認められる相違を設けてはならない。（同上：102、下線部引用者）。

　前者、後者それぞれに非正規雇用労働者の待遇と比較される「通常の労働者」が規定される。そしてこの比較による「不合理な待遇の禁止」には「均等待遇」の原則と「均衡待遇」の原則の双方が含まれる。すなわち、下線部の前提条件が同一であるならば、両者の待遇は同一でなければならず、前提条件に相違があるならばその相違に応じた待遇の差が認められる（同上：66）。

　「均等待遇」原則と「均衡待遇」原則を併せ持つ点を水町は、「基本的に『均等』待遇のみが求められている」欧州の制度と異なる日本の独自性として評価する。「この『均衡』待遇の要請は、正規・非正規労働者間にキャリア展開（雇用管理区分）の違い等を理由として大きな格差が設けられていることの多い日本特有の法的要請であり、これまでの日本における議論の蓄積を踏まえてガイドライン案において明確な形で示された点である。」（同上：139）[13]

　実際の議論の経過はそうなのかもしれないが、「キャリア展開（雇用管理区分）の違い」を前提として待遇の違いを容認することは、正規雇用労働者と非正規雇用労働者との間に明確なキャリアパスと雇用管理の違いがある現状を追認して両

者の格差を温存することになりかねない。現状追認の「均衡待遇」ではなく格差を是正するためには、「同一労働同一賃金ガイドライン案」(2016年12月20日発表) に記された「教育訓練について、現在の職務に必要な技能・知識を習得するために実施しようとする場合」を超えて、より広く非正規労働者の能力形成と教育訓練機会を保障する必要があると同時に、非正社員の正社員への転換制度の拡充が重要である[14]。

3. 労働組合の課題

現時の「働き方改革」により法制度の改定が行われたとしても、違法な経営の行動を監視し抑制する労働組合の規制力が強化されなければ、労働条件の改善は進まない。

最後に労働組合の課題について企業別労働組合と個人加盟労働組合 (ユニオン) に分けて検討する。

正規雇用の縮小と非正規雇用拡大のなかで正社員を中心とする企業別労働組合は非正社員の組織化に取り組まない限りその組織力と経営に対する規制力の低下は否めない。

日本労働組合総連合会 (連合) は2007年に「非正規雇用で働く人たちの処遇改善や安定雇用、諸制度の見直しに向けた取組み」を展開するために「非正規労働センター」を設置した。同センターは2010年に「職場から始めよう運動」を提起し、「同じ職場や地域で働く非正規労働者の労働実態をきちんと把握し、交流を進めながら、課題の解決をはかろうという取組み」を進めてきた (連合「2013『職場から始めよう運動』取組み事例集」2013年5月:1)。2013年からはこの活動を具体的に伝えるために毎年「事例集」を発行している。企業別労働組合による非正規雇用労働者の組織化に関するいくつかの事例をこの資料にもとづき紹介する (以下単に「事例集」と略記)。

事例1. UAゼンセン 三越伊勢丹グループ労組

伊勢丹では1998年に契約期間1年の契約社員「メイト社員制度」を新設。

34 特集 〈自律的〉労働を問う

2008年よりこの制度改定に向けた労使協議を開始。2010年4月より入社4年目の契約から全員無期雇用化を実現。

2011年に三越と伊勢丹が組織統合。2016年度より両社ともに入社と同時に全員無期労働契約となる制度に変更。

この取組みに際して、メイト社員からは正社員になりたい、同じ仕事をしているのに賞与の差が大きく、退職金が支給されないなどの不満が出された。正社員からは、メイト社員がいなければ職場は成り立たない、大事な戦力。メイト社員の処遇向上や職場への定着は自分たちにとっても共通の課題という意見が出された。また企業からも優秀な人材確保は最優先課題という認識が示された。

取組みの結果、全員無期雇用化、正社員転換制度の導入、賞与水準の引き上げ、正社員の退職一時金と確定拠出年金のうち後者をメイト社員にも導入などの成果が得られた。

なお改定に必要な原資確保のために、「正社員の手当てを削減せざるを得ないとの労働組合からの提示についても」正社員から理解が示された。

以上の結果、同労働組合では月給制契約社員・メイト社員2,700名、時給制契約社員・フェロー社員2,800名、60歳以上雇用等1,000名の全員が組合に加入している（2017年4月現在）

「2017事例集」2017年9月：14-15

事例2．UAゼンセン　イオンリテールワーカーズユニオン

2000年代に入ってから、「パートタイマーが基幹労働者かつ、職場の大多数を占めるようになった。」

パートタイマーからは「処遇格差に対する不満の声」。正社員と組合の認識は「職場を守るためには、全従業員で考えることが必要であり、何より、お店や地域のことを一番よく分かっているのは、パートタイマーで働く人たち！」

さらに、2010年代に入ってイオンリテールの事業が分社化されたことにより、「労働組合が過半数を組織できない状況になった。」

パートタイマーの労働条件改善活動を重点に推進した結果、正社員転換制度が導入され、不必要な格差はほぼ解消された（具体的な記載なし——京谷）。

パートタイマーからは組合費の徴収に反発する声もあった。（組織化に際して非正規雇用労働者から組合加入は組合費に見合う利点があるのかという疑問が表明される事例は多い──京谷）

この結果、以前に14％であった組合加入率は2016年に80％以上になった。

会社側からもパートタイマーの処遇改善は（企業の）「組織防衛の観点より非公式ではあるが賛成」という認識も得られた。

「2016事例集」2016年12月：12-13

事例３．情報労連　KDDI労働組合

一般事務、販売業務、利用者からの問い合わせ対応業務は人材派遣や業務委託で充当していたが、2012年以降これらの業務を直接雇用の契約社員へと切り替える人事政策を実施。

契約社員からは雇用に対する将来不安、正社員転換の要求、努力しても賃金や賞与などの処遇に反映されない不満が出される。

正社員からは「契約社員も自分たちと同じ職場で働く仲間。彼らがいるからこそ自分たちの仕事が成り立っている。」「契約社員の処遇改善要求は当然のこと！優先して取り組むべき！」との声。他方では2014年春闘で正社員のベア要求を見送ったことに対する不満も出される。

会社からも「第一線で顧客と接している従業員（契約社員）あってこその会社であり、契約社員の賃金や労働条件など処遇を改善することはむしろ当然である」との認識が示された。

組合の取り組みの結果、契約社員のベア、賞与の獲得、慶弔などの無給休暇の有給化、正社員登用制度導入、正社員も含めた勤務間インターバル制度の導入などの成果が上がった。

これらの結果、正社員の視野が広がり、正社員・契約社員双方が抱える課題が浮き彫りになり「職場の一体感の醸成」に寄与した。

2012年に契約社員も対象とするユニオンショップ協定を会社と結び2015年7月現在で契約社員3,900人全員が組合に加入。

「2016事例集」：20-21および「2015事例集」：36-39

36 特集 〈自律的〉労働を問う

事例4．JR連合　ジェイアール東海高島屋労働組合

　ジェイアール東海高島屋では2010年頃より販売業務を担当する契約社員「キャスト」の採用を開始した結果、当該労働組合が従業員の過半数代表を維持することが困難になり交渉力が低下する危険が生じた。「過半数を維持できなければ会社との交渉において『労働組合の要求は多数派の声ではない』と、組合側の要求が通らなくなる。」このために組合は2015年の大会において、パート・アルバイトを除く契約社員のユニオンショップ制を決定した。同時に契約社員の条件改善に取り組み、ベア要求、冬季賞与の要求・妥結、勤続3年での無期雇用化などを勝ち取った。組合員827名のうち契約社員は371名（2017年7月1日現在）。

　「2017事例集」：22-23

事例5．全労金　静岡県労働金庫労働組合

　「約30％を占める嘱託等労働者なしに職場を保てない職場の実態。」「嘱託等労働者の処遇の引き上げが正職員を守ることになるとの認識（正職員の代替えが進行し、結果として全体的な労働条件の低下に繋がる（低位平準化）という危機感）」が存在していた。これに対して2007年より組織化に着手。

　2010年より派遣社員の直接雇用化について労使協議を開始し、4年目以降の無期雇用化、新準職員制度による諸手当・諸休暇の改善、昇格基準の明確化や人事考課の導入、福利厚生制度の対象を全職員に拡大などの成果を上げた。準職員はユニオンショップ制で全員加入、嘱託等職員はオープンショップ制で加入率78.3％（2016年4月）[15]。

　取組み開始当初は「非組合員の嘱託等労働者のためになぜ要求を掲げるのか」という意見もあったが、活動を進めるなかで「今では同じ職場で働く仲間の処遇を上げることが当然という認識に」変化。

　「2016事例集」：24-25

事例6．交通労連　広島交通労働組合

　2013年より、嘱託雇用者の正社員化と処遇改善および定年再雇用者の特別有給休暇の設置に取り組み実現した。取組みに際して、嘱託雇用者からは契約が一年更新であることに起因する不安、再雇用者からは身体的負担のきつさが

訴えられた。正社員からは「同じ業務、同じ組合員である以上、権利は同じ！」「60歳未満社員特別有給休暇を一人4日ずつ出すので60歳以上にも特別有給休暇を認めて欲しい！」との声が寄せられた。会社側も安全対策と人員確保の観点から一定の理解を示した。ユニオンショップ制のため従業員240名全員が組合に加入（2016年9月現在）

「2016事例集」: 22-23

これらの事例には、企業別労働組合による非正規雇用労働者の組織化にかかわる重要な事象が示されている。

まず非正規雇用拡大のなかで、当然に非正規労働者の処遇の格差に対する不満は高まっている。

他方では、増大する非正規労働者の基幹化は、正規労働者と非正規労働者との間の共通認識、仲間意識、連帯を醸成する条件にもなりうるという側面が存在する。基幹化によって非正規労働者が正規労働者と同様の業務に従事する不可欠な労働力となるなかで、正規労働者のなかに非正規労働者に対する仲間意識と連帯感が生まれている。同時にこの連帯感は非正規による正規労働者の代替を防止するという認識とも繋がっている。中には、自分たちの条件改善より非正規雇用労働者の改善を優先させるという意識も見られる[16]。

さらには、正規雇用の縮小と非正規雇用の拡大が、正規雇用労働者を中心とする企業別組合の存立条件そのものを脅かす。すなわち非正規労働者が未組織のために、企業別労働組合が従業員の過半数代表の地位を喪失し交渉力が弱体化する危険である[17]。

以上の考察は企業別労働組合という組織特性が自動的・宿命的に非正規雇用労働者の組織化を不可能にするのではなく、現実においては企業別労働組合がその組織化を進めうる可能性を示す[18]。

個人加盟ユニオンの課題について首都圏青年ユニオンを事例に考察しよう[19]。

首都圏青年ユニオンの2006年12月から2017年8月までの12年余の組合員の推移をみると、加入者が累計で879名、脱退者が698名であり、2006年12月の組合員数264名、2017年8月は350名である。リーマンショックの年の2008年

12月に組合員数が353名となった以降は350と380ほどの間を推移している（内部資料による）。個人加盟ユニオンの組合員数が増大しない理由は、相当数の組合員が残業代不払いなどの自分の問題が解決すると組合を去っていく組合員の出入りの「回転ドア」的状況にある。この特質を乗り越えてどのように組織の拡大を図るかが個人加盟ユニオンにとって第一の課題である。

　この課題は、個人加盟ユニオンが組織化の対象とする非正規労働者の状況を前提に考える必要がある。これに関して山田事務局長が語ってくれた相談に訪れた労働者の事例が印象的である。「自分は一度も職場で歓迎会と送別会をしてもらったことがありません。」短期あるいは一定期間で職場を移動する非正規労働者は正規労働者が形成する職場の社会関係から排除されており、この疎外・孤立状態が別の職場に移っても繰り返される。職場の社会関係から排除されていることに加えて、このような非正規労働者は職のある場所へ地域間移動を繰り返す可能性があるので同時に地域の社会関係からも排除される。したがってこの20年余の間に増大した非正規労働者の一部では職縁と地縁が欠落している可能性がある。すなわち個人加盟ユニオンの組織化は、その対象が地縁も職縁ももたない「寄る辺なき存在」であることを前提に考える必要がある。山田事務局長は相談に訪れる労働者の特徴を次のように述べている。「日々のつながりと人間関係をもてない。低賃金［と不安定な雇用］で働いている自分を中々開示できない。」（［　］内京谷が補足）ここには個人加盟ユニオンに支援を求める非正規労働者の疎外状況が現れている[20]。

　この疎外状況を緩和し克服するためには、ユニオン自体が非正規労働者にとっての人間関係形成の場、気楽に訪れて、そこに行けば仲間がいて和める場、彼らにとって居心地の良い場となる必要がある。ユニオンが非正規労働者の居場所として定着すれば、上記の「回転ドア」状況が改善され組織の拡大が図れる。非正規労働者の側からみれば、彼らは労働基準法に違反する条件で働かされる可能性の高い労働市場で就労を繰り返す傾向があるから、ユニオンに継続して加盟することが自己防衛対策になる。

　しかし個人加盟ユニオンがこのような活動を展開するには、資金も人材も余りにも乏しい。青年ユニオンの場合は組合事務所で常時仕事をしている文字通りの

専従は委員長と事務局長の2名のみである。この2名が主に毎日の労働相談と毎週6社ほどとの企業交渉を行っている。山田事務局長は、「組合員を根付かせるところまで手が回らない。そこに進めないディレンマがある」と述べる。

なおユニオンの組織化戦略には広報・情報宣伝活動の改革も重要である。ビラなどの伝統的な紙媒体ではなく、SNS、LINE、Twitterなど若者が慣れ親しんでいる電子媒体を活用するのが有効である。企業の不当な行為をLINEで拡散したところ、翌日に当該企業が「和解したい」と申し入れてきた例もある[21]。

この20年余の間グローバリズムの展開の下で非正規雇用が未曾有に拡大し、日本資本主義は新たな段階に入った。この時代に、戦後改革以来日本の労働組合の中核を担った正規雇用労働者で組織される企業別労働組合は大きな限界に直面している。他方、非正規雇用拡大の動向に即して増大した個人加盟ユニオンはその特質に起因する組織化の限界に直面している。このように位置づけるならば、現時は労働組合のあり方を改革し、日本の社会に労働組合の存在を再び根付かせる新たな段階といえるであろう。

〔注〕

1　このような安倍政権の労働政策の非民主主義的な政策審議過程に対して日本弁護士連合会は2015年2月に「政労使三者構成の原則に則った労働政策の審議を求める会長声明」を発表した。https://www.nichibenren.or.jp/activity/document/statement/year/2015/150227_2.html

2　この環境変化とは、①グローバル化と企業競争の激化による人件費などコスト削減圧力の強化、②技術革新、産業・需要構造の急速な転換による高度専門人材への需要の増加、③女性、高齢者の活用、④「自己実現」を重視し、拘束のない自律的な働き方を志向する労働者の意識の変化である。（鶴他 2009：3）

3　企業需要独占とは、新卒一括採用と長期雇用、それによる企業内熟練形成と生活保障的年功賃金を指す。（同上：3-4）

4　「巨人山口俊の処分『重過ぎる』　選手会が再検討要求」「日本経済新聞」2017年8月28日　https://www.nikkei.com/article/DGXLSSXK10461_Y7A820C1000000/
選手会の役員は各チームのレギュラー選手である（巨人のエース菅野投手も読売巨人軍支部の副会長）。日本プロ野球選手会 http://jpbpa.net/management/参照。

5　高橋まつりさんの事件については川人（2016）を参照。

6　「時間外労働の上限規制等に関する政労使提案」平成29年3月17日 http://www.kantei.go.jp/jp/singi/hatarakikata/dai9/siryou1.pdf
「時間外労働の上限規制等に関する労使合意」2017年3月13日（日本労働組合総連合会

40 特集 〈自律的〉労働を問う

と日本経済団体連合会との労使合意）） http://www.kantei.go.jp/jp/headline/pdf/20170328/04.
pdf

7 首都圏の「通勤・通学時間」（行動者平均）は東京で90分、神奈川県で100分である。
総務省統計局「平成23年社会生活基本調査」 http://www.e-stat.go.jp/SG1/estat/List.
do?bid=000001040667&cycode=0）

8 この特例の基準設定は労災認定基準を配慮している。脳・心臓疾患の労災認定基準は、
発症前の2から6ヶ月のいずれかの期間の時間外労働の平均が「概ね80時間超」、「発症前
1ヶ月の時間外労働が概ね100時間超」であること。この基準に達しないことに配慮して
「80時間以内」、「100時間未満」の基準が設定された。以下を参照。「時間外労働の上限規
制について（事務局案）」平成29年2月14日 内閣官房働き方改革実現推進室 http://
www.kantei.go.jp/jp/singi/hatarakikata/dai7/siryou2.pdf

9 長野県庁が10月から3ヶ月間翌日の仕事までの休息11時間を確保する「勤務間インター
バル制」を試行する。「長野県（総務部）プレスリリース」2017年9月21日 http://www.
pref.nagano.lg.jp/jinji/0921press.html）

10 本節については京谷（2016）も参照されたい。

11 小越（2015）も同様の指摘を行っている.

12 これらの動きについては以下を参照されたい。
"21 States File Lawsuit Challenging President Obama's Overtime Pay Rule" TIME By
Daniel Wiessner, September 21, 2016 http://time.com/4502598/obama-overtime-pay-lawsuit/
"Trump administration moves closer to undoing overtime pay rule" Our Standards: The
Thomson Reuters Trust Principles. By Daniel Wiessner, July 26, 2017 https://www.reuters.
com/article/us-usa-labor-overtime/trump-administration-moves-closer-to-undoing-overtime-
pay-rule-idUSKBN1AA2DZ
"Judge Throws Out Obama Rule Hiking Overtime Pay" Insurance Journal. By Daniel
Wiessner, September 1, 2017 http://www.insurancejournal.com/news/national/2017/09/01/
463139.htm
なおトランプ政権の労働局は、ジョージ・ブッシュ政権時代に発行され、オバマ政権下
で停止されていた経営者への17の意見書を再発行した。この意見書は経営者に時間外労
働を含む広汎な労働法の規制を回避させるものであると批判されている。（"The Trump
administration just changed its overtime guidance ---- and business cheers" by Juliet Eilperin,
January 8, 2018 https://www.washingtonpost.com/politics/the-trump-administration-just-
changed-its-overtime-guidance--and-business-cheers/2018/01/08/f00d3eee-f4a6-11e7-beb6-
c8d48830c54d_story.html?noredirect=on&utm_term=.edda8fb3c2ae ）

13 フランスやドイツなどのEU加盟国ではEU指令にもとづいて「客観的理由のない不利
益取り扱いの禁止」原則が定められており、「例外として格差を正当化する事由となる
『客観的理由』の存在については、例外の存在を主張する使用者に立証責任がある」（水町
2018：134-5）。これに対して日本の法改正案の原則は、「不合理な待遇の禁止」であり、
使用者に格差の客観的理由の立証責任は課されておらず、「待遇の相違の内容と理由につ

いての説明義務」が課される（同上：138）。すなわち異議申し立てを行う短時間・有期雇用労働者の側が、自らの条件との比較対象とする「通常の労働者の待遇について十分な情報がない等の場合」に、情報の非対称性を解消するために、使用者の説明義務によって情報を得るものである（同上：85）。欧州諸国の法律の「立証責任」と本改正案の「説明義務」との違いも検討すべき問題である。なお欧州諸国と日本との比較については水町（2011）も参照されたい。

14　同一（価値）労働同一賃金に関連して日本における職種別賃金とジョブ型社会の構築が主張される。しかし職種別賃金はそれを支える社会的条件を欠いては社会的存在になり得ない。

　　第一に、賃金決定の社会的仕組み：ヨーロッパの賃金は、産業別の労使交渉による企業を超えた横断的賃金である。

　　第二に、年功賃金は戦後の労働組合の運動の成果として生活給原則の賃金として形成された（電産型賃金）。年功賃金がもつ生活段階にあわせた生活保障給の性格を考えれば、教育、住宅などの必要を社会保障と社会福祉の制度・サービスを充実させることによって充足する改革が伴わなければならない。

　　第三に、格差を是正するためには、被扶養を前提としない生活できる最低賃金への引き上げが重要である。2017年度最賃は、全国平均で25円引き上げられ848円となった。しかしこの歩調で上がったとしても千円に到達するのに6年余、最も賃金が低い沖縄県がこれに到達するには10年かかる。

15　準職員とは無期契約に移行したパート職員である。1年契約のパートは3年以上勤務で自動的に無期契約の準職員に移行する。準職員はA、B、Cに分かれておりAランクに昇格すると本人の希望と人事評価により正社員に転換できる。2018年5月11日当該労働組合に電話にて確認。

16　先に「無限定正社員」という用語に関して労働組合の規制力を捨象していると批判したが、非正規労働者の処遇の改善においてこれらの労働組合は労使協議制などによる経営との交渉を通して成果を上げている。ここにも現時の労働改革において長時間労働や格差を是正し労働者の労働条件を実質的に改善するためには、法制度改革のみでなく、労働組合の経営に対する規制力の強化がきわめて重要な課題であることが示されている。

17　連合加盟労働組合の非正規雇用労働者の組織化については連合総合生活開発研究所（2009）および中村（2009）も参照されたい。

18　いくつかの事例において企業側も非正規労働者の処遇改善に積極的である点も熟慮すべき課題である。企業にとって非正規労働者の労働と労働力の位置、意味、価値がいかなるものであるのかに応じて、その処遇改善に対する姿勢が異なることが考えうる。非正規労働者の労働は企業活動に不可欠だとしても、いわば総量として必要であり、個々の労働者については容易に代替可能な場合は、処遇改善の必要性は認識されにくい。その代替と労働力の確保が困難な場合には正社員への転換を含む処遇改善の必要性は経営課題として認識される。このような非正規労働者の労働と労働力の質の違いの検討は今後の課題としたい。

19　ここに記載する情報は主に、2017年9月22日東京の組合事務所で行った首都圏青年ユニオン事務局長・山田真吾氏への聞き取りと意見交換に基づいている。

20　企業別労働組合が組織する非正規雇用労働者にみられた正規雇用労働者との連帯と、ここに示された非正規雇用労働者の疎外状況との相違は、非正規雇用労働者内部における相違、就業する産業分野、職種、労働の質、就業状態などの相違に起因すると考えられる。この相違の分析と検証については今後の課題としたい。

21　ソーシャルメディアの活用など新たな労働組合の活動方法の開拓について以下を参照されたい。

　　宮鍋匠「労働運動におけるSNSの使い方」、日本労働弁護団『季刊　労働者の権利』Vol.319、2017年4月。

　　山田真吾ほか「『コミュニティ・オーガナイジング』で労働組合の再生へ」、日本国家公務員労働組合連合会『KOKKO』第21号、2017年5月。

補.　本稿で検討したように多くの問題を含む安倍政権の働き方改革法案は、森友・加計学園の問題をめぐって紛糾した第196回通常国会（会期2018年1月22日から7月22日）において、十分な審議がつくされることなく6月29日の参議院本会議で自民、公明、日本維新の会、希望の党などの賛成多数で可決され成立した。

【参考文献】

ベルント・ヴァース（2013）「ドイツにおける企業レベルの従業員代表制度」『日本労働研究雑誌』No.630。

遠藤公嗣（2014）『これからの賃金』旬報社。

玄田有史（2004）『ジョブクリエーション』日本経済新聞出版社。

玄田有史・中田喜文編（2002）『リストラと転職のメカニズム』東洋経済新報社。

伍賀一道（2014）『「非正規大国」日本の雇用と労働』新日本出版社。

Greg Smith, (2012) 2012, Why I Left Goldman Sachs, Mew York: Grand Central Publishing. 邦訳、2012年、『訣別　ゴールドマン・サックス』、講談社。

濱口桂一郎（2009）『新しい労働社会』岩波書店。

長谷川閑史（2014a）「個人と企業のための新たな働き方」第4回経済財政諮問会議・産業競争力会議合同会議（2014年4月22日）提出資料　https://www.kantei.go.jp/jp/singi/keizaisaisei/skkkaigi/goudou/dai4/siryou2.pdf

───（2014b）「個人と企業の持続的成長のための働き方改革」第4回産業競争力会議課題別会合（2014年5月28日）提出資料。

橋本秀一（2009）「企業別組合における非正規従業員の組織化事例の示すこと」『日本労働研究雑誌』No.591。

飯嶋和紀（2016）『労働組合職場組織の交渉力』平原社。

池添弘邦 (2002)「解雇法制―日本における議論と諸外国の法制―」、労働政策・研修機構「労働政策レポート」Vol.2。

上井喜彦 (1994)『労働組合の職場規制』東京大学出版会。

川人博 (2016)「電通の過労死はなぜ繰り返されたのか」、POSSE Vol.33。

木下武男 (2016)「同一労働同一賃金を実現するジョブ型社会」『POSSE』Vol.31。

京谷栄二 (2015)「安倍政権の雇用・労働改革―解雇規制の緩和について―」、長野大学『長野大学紀要』第37巻第1号。

――― (2016)「一部の労働者を時間外割増賃金の対象から除外する労働基準法の改定（ホワイトカラー・エグゼンプション）」『賃金と社会保障』1669号。

水口洋介 (2014)「解雇規制・規制改革の問題点」『ジュリスト』No.1465。

水町勇一郎 (2011)「『格差』と『合理性』」、東京大学社会科学研究所『社会科学研究』第62巻第3・4合併号。

――― (2018)『同一労働同一賃金のすべて』有斐閣。

中村圭介 (2009)『壁を壊す』第一書林。

日本経済団体連合会（経団連）(2005)「ホワイトカラーエグゼンプションに関する提言」 https://www.keidanren.or.jp/japanese/policy/2005/042/teigen.pdf

――― (2016)「同一労働同一賃金の実現に向けて」 http://www.keidanren.or.jp/policy/2016/053_honbun.pdf

野川忍ほか (2003)「諸外国における解雇のルールと紛争解決の実態―ドイツ、フランス、イギリス、アメリカ」労働政策・研修機構「資料シリーズ」No.129。

OECD (2013)「雇用アウトルック2013　日本に関する分析」。

小越洋之助 (2015)「『ブラック企業』問題とは何か」上下『経済』No.236,237。

小倉一哉 (2012)「年休を取り残す理由が年休取得率に与える影響」『日本労働研究雑誌』No.625　http://www.jil.go.jp/institute/zassi/backnumber/2012/08/pdf/055-069.pdf

奥平寛子・滝澤美帆・鶴光太郎 (2008)「雇用保護は生産性を下げるのか―『企業活動基本調査』個票データを用いた分析」(RIETI Discussion Paper Series 08-J-017) 独立行政法人経済産業研究所。

大内伸哉 (2014)『雇用改革の真実』日本経済新聞出版社。

――― (2015)『労働時間制度改革』中央経済社。

連合総合生活開発研究所 (2009)『非正規労働者の組織化』調査報告書」。

労働政策研究・研修機構 (2005)「諸外国のホワイトカラー労働者に係る労働時間法制に関する調査研究」「労働政策研究報告書」No.36　http://www.jil.go.jp/institute/reports/2005/documents/036.pdf

――― (2015)「労働時間管理と効率的な働き方に関する調査」(企業調査) および「労働時間や働き方のニーズに関する調査」(労働者調査) (2015年7月27日発表)　http://www.jil.go.jp/press/documents/20150727.pdf

鶴光太郎 (2006)『日本の経済システム改革』日本経済新聞社。

鶴光太郎 (2009)「日本の労働市場制度改革」、鶴光太郎・樋口美雄・水町勇一郎編著『労働

44 特集 〈自律的〉労働を問う

市場制度改革』日本評論社。

United States General Accounting Office, (1999), *White -Collar Exemptions in the Modern Work Place*. http://www.gao.gov/assets/230/228036.pdf

U.S. Federal Government Web Site. regulations.gov, (2015) Defining and Delimiting the Exemptions for Executive, Administrative, Professional, Outside Sales and Computer Employees. http://www.regulations.gov/#!documentDetail;D=WHD-2015-0001-0001

Wage and Hour Division, United States Department of Labor, (2016), "Final Rule: Overtime Defining and Delimiting the Exemptions for Executive, Administrative, Outside Sales and Computer Employees under the Fair Labor Standards Act." https://www.dol.gov/whd/overtime/final2016/

渡部あさみ (2016)『時間を取り戻す―長時間労働を変える人事労務管理―』旬報社。

矢澤朋子 (2014)「日本は『正規雇用の解雇が最も難しい国』?」大和総研「欧州経済」2014年3月18日 https://www.dir.co.jp/report/research/economics/europe/20140318_008337.pdf

八代尚宏 (2009)『労働市場改革の経済学』東洋経済新報社。

――――(2015)『日本的雇用慣行を打ち破れ』日本経済新聞出版社。

――― 日本労働社会学会年報第29号〔2018年〕―――

ICTと雇用関係によらない働き方・労働者性の動揺

川上　資人
（日本労働弁護団・交通の安全と労働を考える市民会議・東京共同法律事務所）

　ICT（Information and Communication Technology、情報通信技術））の発達により、時間や場所に縛られない多様な働き方が生まれている。働き手にとっては、働き方の選択肢が増えるというメリットがあり、企業にとっては雇用によらない労働力の利用が可能になるという側面がある。

　現在の法制度の下では、労働基準法上の「労働者」と認められれば、雇用保険、労災保険、最低賃金、割増賃金、年休制度等各種の保護と権利が認められるが、「労働者」と認められなければこれらの保護や権利は認められない。

　ICTの発達により、柔軟な働き方が増えることは働き手にとってもメリットのあることだが、それにより雇用関係が否定され、不安定な働き方が増えるだけでは、社会全体にとってマイナスである。多様化する働き方に対して何が求められているのか、検討が求められている。

1.「シェアリングエコノミー」とは何か

　「シェアリングエコノミー」というビジネスモデルの下、雇用によらない労働力利用が増えつつある。メディアでは、「シェアリングエコノミー」は閉塞感漂う資本主義システムを救う「世界に革命を起こすとされるイノベーション」、「資本主義の構図を根底からくつがえし、モノを作らず、空間やサービスを共有することで利益を生む、全く新たな経済を生みだそうというもの」などと言われている[1]。

　「シェアリングエコノミー」とは、インターネット上のプラットフォームを介

して、モノや労働を取引するサービスのことである。シェアリングエコノミー協会は、「シェアリングエコノミー」は、「インターネット上のプラットフォームを介して個人間でシェア（賃借や売買や提供）をしていく新しい経済の動き」としている。もっとも、そこでの取引は「個人間」に限らず、企業と個人の間でも行われている。同協会は取引対象について、「おもに、場所・乗り物・モノ・人・スキル・お金の5つに分類され」るとしている[2]（下線は筆者）。

　確かに、空き地や空き部屋など、資産を取引する場合、それは遊休資産の有効活用という効能を生む場合があると言える。しかし、プラットフォームを介して取引されるものが「サービス」、「人・スキル」などの場合、それをモノの取引と同列に扱うことはできない。そこで働く人々が最低賃金を下回る労働条件を強いられていないか、怪我や病気になった場合に保障はあるのかなど、労務提供者の保護についても検討されなければならない。

　海外では、「シェアリングエコノミー」について、モノや労務の提供者が相当の対価を得て、プラットフォーム企業も仲介手数料を得ている場合、それを「シェア」と呼ぶことは適切でないとの指摘がなされている[3]。むしろ、このような経済活動の特徴は「シェア」ではなく、プラットフォームを介する点にあるとして、「プラットフォームエコノミー」と呼ぶべきと指摘されているのである[4]。そして、モノの取引については資産の取引であるという点から「キャピタルプラットフォーム」と呼び、労務の提供については労働の取引であるという点から「レイバープラットフォーム」と呼ぶべきと指摘されている。前者の例がエアビー・アンド・ビー社等が行う民泊であり、後者の例がウーバー社等が行うライドブッキングである。

2．「シェアリングエコノミー」に関する政府の姿勢

　政府は、「シェアリングエコノミー」に将来性があると考えているようだ。政府の『情報通信白書』（総務省、平成27年度版）によると、シェアリングエコノミーは33兆5,000億円の市場規模になるという（**図1**参照）。内閣官房では、これが1億総活躍社会の実現に資するから、シェアリングエコノミー・サービスの

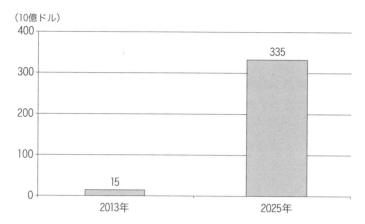

図1　シェアリング・エコノミーの市場規模
注：金融、人材、宿泊施設、自動車、音楽・ビデオ配信の5分野におけるシェアリングを対象。
出典：総務省（2015：200）。

発展を政府として支援するとし、2017年には「シェアリングエコノミー促進室」を設置し、「シェアリングエコノミー伝道師（第1弾）」を任命してその普及を推進している。経済産業省も、シェアリングエコノミー協会と連携するなどして様々な推進活動を展開している。

　これに対して、アメリカ政府は必ずしも推進一辺倒というわけではない。2016年、オバマ大統領はホワイトハウスで、"We've got to make sure that as we continue to move forward, both in this new "on demand" economy and in the traditional economy as a whole, hard work guarantees some security."–White House Summit on Worker Voice（2015）と述べた。つまり、新しい経済、オンデマンドエコノミーというニューエコノミーが生まれているけれども、一生懸命働けば報われる社会を私たちは守らないといけない、という認識を政府として示している。

3．シェアリングエコノミーの働き手

　それでは、シェアリングエコノミーで働く人たちはどのような人たちなのだろうか。2015年には、アメリカの労働人口の8％が雇用関係のないプラットフォー

ムで働いており、その8%のうちの56%は、プラットフォームの収入だけで生計を立てていた。その56%のうち、57%の人たちの収入は、年間3万ドル以下であった。また、64%が非白人であり、社会の弱い立場にいる人たちが、こういった労働環境におかれる構図ができているということが言える。

また、レイバープラットフォームの最大企業であるウーバー社が事業を開始したのは2008年リーマンショックの翌年2009年であった。リーマンショックで失業した労働者のうち、正規雇用に復帰できなかった労働者が不本意ながら個人事業主としてプラットフォームワークに定着した背景もあると言われている。

日本では、2017年3月、経済産業省が『「雇用関係によらない働き方」に関する研究会報告書』を発表した。同報告書によれば、雇用関係によらない働き方の実態は**表1**のとおりである。

同報告書の前年2016年8月1日に厚労省が『働き方の未来2035：一人ひとりが輝くために』という白書を出し、この白書を受けて経産省の報告書が出ているのだが、この2つの文書には共通のキーワードがある。そのキーワードとは、「自由な働き方」である。雇用関係によらない働き方とは自由な働き方であり、これが労働者の自律性の向上につながるというのが2つの文書に共通の考え方といえる。しかし、「自由な働き方」や自律的働き方は、経済的安定があって初めて可能となるものであり、経済的劣位に置かれていれば労働条件の交渉力も乏しく、自由に、あるいは自律的に働くことはできない。

同報告書によれば、300万円未満の収入しか得てない層を合計すると33.5%と

表1　雇用関係によらない働き方の実態

	主たる内容
収入	100万円未満6.9%、100-199万円11.5%、200-299万円15.1%＝300万円未満33.5%
	シェアリングエコノミーを「顧客獲得の主な手段とした層」→年収が200万円未満60% （例：「クラウドワークス」登録者80万人中、月20万円以上は111人）
働き手の不満	①収入が不安定、②収入が不十分、③スキルアップや成長ができないため、将来の展望が持てない。企業に臨む改善点としては、「企業が取引先である働き手を業者扱いせずに、対等なパートナーとして接すること」28.5%

出典：経済産業省（2017）。

なり、最大セグメントを構成する。しかし、同報告書は、収入層を100万円ごとに区切っているため、その区切りで分類すれば、300万円から400万円の収入を得ている層が18.5％と最大となり、通常の雇用で収入を得ている人たちと遜色がないという結論を引き出す。よって、雇用関係によらない働き方は、経済的にも問題がないというまとめがされている。

　また、表に示した通り、シェアリングエコノミーを顧客獲得の主な手段とした層では、年収200万円未満が6割を占めている。働き手の不満としては、収入が不安定、不十分で、スキルアップもできない、将来の展望もないということが言われている。

　以上が、シェアリングエコノミーの働き手たちの現実であり、その特徴は低賃金、不安定という点にあると言える。

4．シェアリングエコノミーの労働実態

（1）　ライドシェアの労働実態の概要

　以下では、シェアリングエコノミーの最大企業であり、ライドシェアサービスを手掛けるウーバー社を例にその労働実態を検証する。

　「ライドシェア」は、ICTを利用した雇用関係によらない働き方の典型であり、仲介サイト事業者であるウーバー社がスマホのアプリで運転者と利用者を仲介し、自家用車で有償で利用者を運ばせ、運賃の2割から4割を手数料として収受するというビジネスモデルである。このように実態がなんら「シェア」とは言えないため、海外ではライドシェアではなく、ライドヘイリング、ライドブッキングなどの呼称が使われている[5]。

　表2は、タクシー会社の労働者と「ライドシェア」の労働者の経費の負担や、受けられる保護・ベネフィットを表にしたものである。ライドシェアドライバーが「労働者」ではなく、個人事業主と扱われることでどれだけのコストを負担させられているかが分かる。以下、ライドブッキングと呼ぶこととする。

50 特集 〈自律的〉労働を問う

表2 タクシーと「ライドシェア」の比較

	タクシー	「ライドシェア」
経　費		
車両費	○	×
燃料費	○	×
整備費	○	×
修理費	○	×
駐車場費	○	×
保険料	○	×
車両・燃料関係税	○	×
社会保険		
労災保険	○	×
失業保険	○	×
労働法の適用		
最低賃金	○	×
割増賃金	○	×
年休	○	×
解雇規制	○	×
団体交渉権	○	×

(2) 実例でみるライドブッキングの労働実態

　ライドブッキングで働こうとする労働者は、その労働条件を理解して、自分の意思でその仕事を始めたのであるから、何の問題もないと言われることがある。しかし、提示された労働条件が実際の労働条件と異なっていたらどうだろうか。

　タケレ・ゴベナ氏（27歳）は、シアトル・タコマ国際空港で働きながら1歳の娘を育てていた。時給9ドル。暮らしは楽ではなかった。そんな折、スマホでフェイスブックを見る度に表示される広告があった。「お金を稼いで、いい夏すごそう。時給30ドル、年収8万5000ドル」。繰り返し表示される広告を見ているうちに、ゴベナ氏はその気になった。空港の仕事を辞め、ウーバードライバーになるために友達から1万7000ドルを借りて日産セントラを買った。一年働いてみて、ゴベナ氏は言う。「空港の時給は9.5ドル。健康保険もあった。ウーバー、リフトは、1日16時間、年間59,500キロも走って、経費を差し引いたら時給は2.64ドルだった。もちろん、健康保険なんかない。」。

ICT と雇用関係によらない働き方・労働者性の動揺　*51*

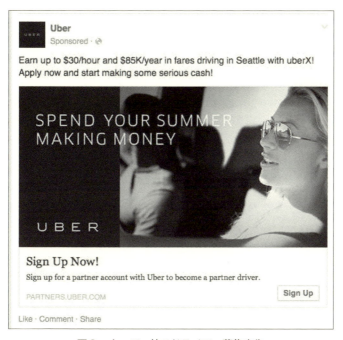

図2　ウーバー社のドライバー募集広告
出典：アメリカ・ウーバー社ホームページより。

　結局、ウーバー社の広告と実際の労働条件は相違していたのである。ウーバー社は、この広告について、年収900万円などと表示していたことが誇大広告に当たるとして米連邦取引委員会から提訴され、同委員会に22億円を支払うことが確定した。委員会は、ウーバー社の自動車ローンプログラムについても、過大に安く表示されていると指摘している。決定では、22億円の支払命令の他に、ドライバーの収入及び自動車ローンやリースプランについても虚偽の宣伝をしないよう明記された。
　しかし、ゴベナ氏の話はそれだけでは終わらない。2015年8月31日、ゴベナ氏は、シアトル市議マイク・オブライエン氏と共に市議会議事堂の前に立っていた。「運転者の声を聞け」、記者会見でゴベナ氏は声を上げた。会見の終わり、ゴベナ氏は「ウーバーは多分、明日私のアカウントを停止すると思います。しかし、

私には戦う用意ができています。なぜなら、これは戦うに値することですから」と話した。しかし、ウーバーがゴベナ氏のアカウントを停止するまで、それほど時間はかからなかった。その日の夕方6時50分、いくつかのサイトがこの記者会見を報じた直後、ウーバーはゴベナ氏のアカウントを利用停止にした。

　労働条件の虚偽表示から、低賃金労働、一方的解雇まで、ゴベナ氏の体験はウーバードライバーとして働くことがどのようなものであるかを物語っている。最初は好待遇を提示してドライバーを大量に募り、労働者が互いに競争する状態が作出できれば、あとは賃金の切り下げが行われる。本来、雇用関係であれば、労働条件の不利益変更は一方的にできるものではなく、合意が必要である。しかし、プラットフォームエコノミーにおいては、プラットフォームと労働者の間に労働契約は存在しないため、ウーバー社等プラットフォーム企業は、会社の一存で労働条件を自由に変更できると考えている。

（3）労働条件の一方的変更

　ライドブッキングでは、プラットフォームたるウーバーによって、労働条件が突然変更される。突然の仲介手数料割合の引き上げ、運賃の切下げ、アプリの利用停止（解雇と同義）などである。

　現在、東京、横浜エリアでは、ウーバー社の提供するウーバーイーツ（「UberEATS」）というフードデリバリーサービスが展開されている。配達員は5,000人を超える。ウーバーイーツの仕組みは、客がスマートフォンのアプリでレストランに食事を注文すると、ウーバーイーツがレストランの近くにいる配達員を呼び出し、レストランに食事を取りに行かせ、それを客の所まで届けさせるというものである。このサービスの下で、配達員は個人事業主とされ、ウーバーイーツとの間に雇用関係はない。これらの配達員の労働条件も一方的に頻繁に変更されている。突然メールが来て、今週の賃金規定はこうなると変更を告げられるのである。そして、労働基準法及び労働契約法の適用がないため、一方的な不利益変更が度々行われることとなる。

　また、アメリカ・テキサス州のオースティン市では、ライドブッキング企業に対してタクシーと同じ規制を求める条例を通そうとしたところ、そのような町で

は事業はできないとして、ウーバー社が撤退してアプリが使えなくなってしまった。このケースは、整理解雇を定めた労働調整法に違反したとして提訴されている。

（4） 自由な働き方？高収入？

ドライバーの収入について、ウーバー社は時給約19ドルと主張している。しかし、報道ではだいたい時給2ドルから12ドルということである。東京のウーバーイーツの配達員も、時給換算で1,000円前後である。

次に、自由な働き方といえるのか。ウーバードライバーはトレーニングビデオを見せられて画一的接客を強いられ、8割から9割の乗車承認率と5%のキャンセル率を要求されている。こうした基準を超えるとアプリが使用不能となり働くことができない。

（5） 保険等その他の問題

カリフォルニア州は、ドライバーに対して、ライドブッキングではドライバーの保険が十分ではなく、事故に遭ったときドライバーの全責任になるという点について警告を発している。利用者にとっても、事業者たるウーバー社が運送責任を負わないため、事故に遭った際の保険責任の追及をドライバーに対して行わなければならない。

事業者が一切責任を負わないという状況の下、多数の違法行為が行われている。例えば、ドライバーに対する料金支払いの不正が挙げられる。ライドブッキングでは料金の支払いはすべてアプリ上で完結してしまうため、走行距離を自分でわり出すなどしない限り正確な報酬額がいくらなのか分からない。また、会社が払うべき税金を、ドライバーの取り分から控除して払っていたという事実も明らかになっている。これらは現在訴訟となっている。

さらに、乗客には実際より長い距離と高い運賃を示してこれを請求し、ドライバーには短い距離と低い運賃を表示してかかる報酬を支払い、そこで生まれた差額を会社の利益としていた指摘され、訴訟となっている。

その他には、ヘルプログラムと名付けたプログラムを用いて、ドライバーがア

プリをオフにしてもドライバーの所在地を追跡監視していたことが分かっている。さらに、グレーボールという刑事捜査を免れるためのプログラムも開発・使用していた。

アメリカではシェアリングエコノミーの問題点として、「『シェアリングエコノミー』の働き方は、リスクを企業から個人に移すものだが、労働者は往々にしてどのようなリスクを引き受けているのか、正しく理解していない。」（2015年1月26日ワシントンポスト紙）とか、「社会保障のない『シェアリングエコノミー』で得る仕事が唯一の収入源の場合、労働者と国家が社会保障のコストを負担することになる。」（"Report of the Commission on Inclusive Prosperity", Center for American Progress、2015年1月）という指摘がなされている。

日本でも既に「クラウドワークス」等が存在し、システムエンジニア、ライター、介護、保育など幅広い分野で、雇用によらない労働力の取引が行われているが、クラウドワークスでは登録者80万人のうち、月20万円以上を得ている者は111人しかいなかったと指摘されている。

さらに、「シェアリングエコノミー」は、労働者を個人事業主とすることで、労働組合を排除する。ハーリー・シェイクン教授（カリフォルニア大学バークレー校）は、2016年9月5日、PBS（アメリカ公共放送）のインタビューに対して、「『シェアリングエコノミー』は労働組合にとって重大な問題だ。『シェアリングエコノミー』は、多くの場合において、組合を回避するための経営者の戦略である。ウーバーやリフトは労働者を個人事業主と位置付けることで組合の結成を回避している。」と答えている。

5．「シェアリングエコノミー」の系譜

このように雇用責任を回避して、労働力を利用する傾向はどのように発展してきたのだろうか。確かに、継続的な雇用関係を回避して労働力を利用するやり方は以前から存在した。しかし、ウーバー社のビジネスモデルに象徴される、インターネット上のプラットフォームを介したプラットフォームエコノミーは、より大規模な労務供給源から、需要に応じてピンポイントで労働力を利用することを

可能にした。

　外部委託、派遣労働、下請け、フランチャイズ化など、雇用を削ぎ落として人件費を圧縮し、短期的利益を追求する企業経営は1980年代のアメリカで顕著となり、日本でも1990年代以降急速に進展した。1980年代以前のアメリカでは、株主は副次的な存在にすぎず、経営側と労働側の均衡が保たれていた。しかし、1980年代に401（k）（確定拠出個人年金）が解禁され、その資金がミューチュアルファンド（投資信託会社）に流入すると、この資金を元手とする企業買収が増加した。いわゆる「金融化」の流れである。買収された企業は切り売りされ、多くの従業員が解雇された。こうして、労働者を犠牲にした株主への権力移譲が起きた。機関投資家（株主）は短期的な収益の増大を求め、経営者は四半期ごとの決算短信のプレッシャーから目先の利益確保に走り、委託などで労働力をアウトソーシングして人件費を削減した。同時期に発達したインターネット等のICTも、労務管理を容易にし、労働の外部化を促進した。こうして、金融化とICTの発達により、企業は株主利益の最大化のために存在するという理念、「株主資本主義」が形成されていった。このような雇用削減の流れは、レイバープラットフォームの出現に伴い、労働力のアウトソーシングさえしない、必要な時にだけ「ジャストインタイム」で労働力を利用するウーバー的手法、「ウーバライゼーション」を生み出したと言われている[6]。

6.「株主資本主義」の問題点

　しかし、人間は、「ジャストインタイム」で必要な時に必要な量だけ供給されれば済むただの部品とは異なる。人は、労働者であると同時に、消費者でもあり、社会を支える基本単位である。株主利益の最大化のためだけに労働者を利用し疲弊させれば、GDPの6割を占める消費の縮小につながり、経済の後退を招く。そして、貧富の差は拡大し、社会の二極化と不安定化を招く。

　企業は株主の利益を最大化するために存在するという株主資本主義は、伝統的でもなければ必然的なものでもない。「ウーバライゼーション」へとつながる、株主利益最大化のための雇用削減という企業行動は、金融市場への資金流入に

56 特集 〈自律的〉労働を問う

よって力を得た株主から、経営者への過度のプレッシャーによってもたらされた
ここ30年ほどのものにすぎない。日本でも、1985年派遣法制定、1995年日経連
の「新時代の『日本的経営』」、1996年の派遣法改正と、直接雇用を削減する動
きが着実に進められてきた。そして、2005年に成立した会社法は、アメリカ法
の影響を受け、「社員」は株主のみを指すなど、株主資本主義的思想を色濃く反
映した内容となっている。このような思想が、企業の直接雇用削減を加速させ、
非正規労働者の増加を招き、社会の不安定化を招いているといえる。
現在、株主資本主義は世界中で機能不全を起こしている。株主資本主義を修正す
るため、金融市場や株式会社の在り方を規定する法にも目を向け、これらの分野
でも労働者の声を反映させる必要がある。

7. 労働者性をめぐる裁判等

　労働条件の一方的不利益変更や突然の解雇などに対して、アメリカでは複数の
訴訟が起こされている。労働者の主な主張は、労働実態から見れば彼らは「労働
者」であるにもかかわらず、「労働者」ではなく自営業者であると誤分類され、
適用されるべき労働法が適用されていないというものである。その中でも最大の
訴訟が、原告数38万5,000人に上るオコナー対ウーバー社のクラスアクションで
ある。原告らの請求は、ドライバーが労働者であることに基づく経費償還請求、
チップ分の賃金未払請求である。

　イギリスでは、2016年10月、ロンドン雇用裁判所がウーバードライバーの労
働者性を認め、最低賃金と有給休暇の支給を命令した。イギリスでは、「自営業
者（self-employed）」、「被雇用者（employee）」の他に第3のカテゴリーとして
「労働者（worker）」が定められており、同判決ではウーバードライバーが「労働
者（worker）」として認められたのである。

　以上のように、労働者は裁判所も利用して自己の権利実現の戦いを続けている。

　裁判ではなく労働組合を通して生み出される労働者の力もある。**図3**は、組合
組織率と中間層の所得の推移を示している。組合組織率が低下するのとシンクロ
して、中間層の所得が低下しているのが分かる。日本でも、労働組合の組織率は

ICTと雇用関係によらない働き方・労働者性の動揺　57

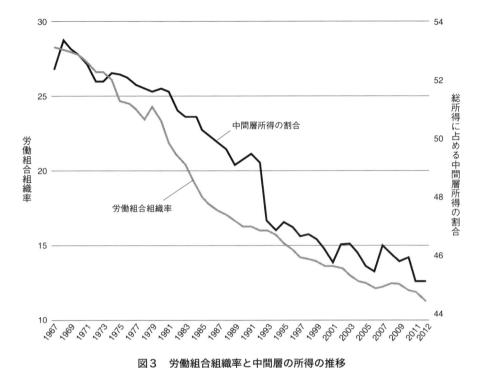

図3　労働組合組織率と中間層の所得の推移
出典：Lawrence H. Summers and Ed Balls, Convened by the Center for American Progress, "Report of the Commission on Inclusive Prosperity", 2015年1月。https://www.americanprogress.org/issues/economy/report/2015/01/15/104266/report-of-the-commission-on-inclusive-prosperity/

低下を続け、所得も1990年代半ばから2013年までに100万円以上下落しており、同様のグラフが描ける。

　確かに、組合組織率の低下と所得の減少の間にどれだけの相関関係が認められるのか、定かではない。しかし、労働経済学上、労働組合員と非組合員の賃金には有意な差が認められ、この差は「組合賃金プレミアム」と呼ばれている。アメリカ、ヨーロッパにおいては、組合賃金プレミアムは2割から3割あり、日本でも約9％認められる。つまり、労働組合が賃金水準の決定について少なからぬ力を有していることは事実である。

8．多様化する働き方と労働者性

　以上、プラットフォームエコノミーに象徴されるように、ICTの発達によって多様な働き方が生まれている。しかし、現行の労働法では、「労働者」に当たれば保護が受けられる一方で、「労働者」ではないとされると一切の保護が受けられない。そのため、プラットフォームエコノミーにおいて自営業者として扱われる労働者は、一切の労働法の保護が受けられないという事態が生じている。

　ウーバー社等のプラットフォーマーがワーカーの労務提供行為から利益を得ていることは明らかである。しかし、現状ではプラットフォーマーには何の責任も課せられず、ワーカーが全てのリスクを負わされている。プラットフォーマーの社会的責任を定め、ワーカーの法的保護を明らかにする必要があるだろう。

　現在、労働基準法上の労働者は、使用従属性が認められるかという点を重視して決定されている。使用従属性は、指揮監督下の労働か賃金の支払いがあるかという観点から判断され、「指揮監督下の労働」は、①依頼された仕事の諾否の自由、②指揮監督の有無、③場所的時間的拘束性、④労務提供の代替可能性がないことという4つの要素から判断される。現在の裁判所は、労働者性の判断に際して、③場所的時間的拘束性の要素を重視しすぎているという批判がある。③を過度に重視した場合、プラットフォームワーカーには場所的時間的拘束性がないと判断され、使用従属性がないために彼らは「労働者」に当たらないという判断が出る可能性がある。しかし、そのように安易に労働者性を否定することは、現代社会の多様な働き方を反映しない判断方法であると言わなければならない。法的には、労働者概念の拡大の方向を示すのか、それとも「労働者に準じる者」というような新しい類型を模索するべきなのか、この2つが大きな選択肢として考えられる。なお、労働組合法上の労働者性については、認められる可能性が高い。

　諸外国の労働者概念について、まず、アメリカは日本と同様に、労働者か否かという択一的二分論である。アメリカにおいては労働法の規定が概括的であり、柔軟な労働者性の判断が可能と言われる。これに対して、ヨーロッパはアメリカの逆とされ、フランスでは、一定の職種について立法で「労働者」と定める手法を採り、その他に「労働者と同視される者」というカテゴリーがある。ドイツで

は、「労働者」と「労働者類似の者」というカテゴリーがあり、使用従属性が認められる者を「労働者」、経済従属性が認められる者を「労働者類似の者」とする。「労働者類似の者」には、有給休暇、育児介護休暇の権利が認められ、労働協約の適用がある。イギリスは、「被雇用者（employee）」と「労働者（worker）」があり、「労働者」には解雇規制などが適用されないが、最低賃金や有給休暇が適用される。このように、ヨーロッパでは「労働者」に準じる者という第三の類型を創設して、「労働者」には該当しないが、完全な自営業者とは言えない者の保護を図っている。

9．今後求められること

　これからの法改正等の方向性としては、労働者概念を拡大して労働法と社会保険を適用していく方向、イギリスやドイツのように準労働者概念を策定する方向などが考えられる。また、フランスのように、労働者性の有無にかかわらず、立法によりプラットフォームの責任と働き手の権利を定めるという方法も考えられる。フランスでは、2016年8月に労働法典改正法が成立し、「プラットフォームの社会的責任」が定められた。その内容は、①プラットフォームの労災保険料の負担、②働き手の職業教育費用の負担、③働き手の団結権、団体交渉権、団体行動権の保障などである。

　さらに、働き方が多様化する中、新しい労働者概念等によっても「労働者」とは認められない働き手の保護も検討されなければならない。現行法で考えられる保護としては、下請法や家内労働法の適用が考えられる。下請法4条関係、親事業主の禁止事項等は現状でも適用可能と思われる。問題は家内労働法であるが、この法律は物品の製造等に限定されているため、現状ではクラウドワークス社等が大量に使っている労働形態、ライター、プログラミング等は家内労働法からはこぼれ落ちてしまう。そのため、対象者を拡大する法改正が必要になるだろう。

　その他、プラットフォームワーカーの実態調査が決定的に欠けているという問題が挙げられる。イギリス、アメリカ等では多くの調査報告がなされ、ワーカーがどのような生活、労働実態を強いられているのかという研究が豊富であるが、

60　特集　〈自律的〉労働を問う

日本はそのような調査報告が乏しい。

　以上、ICTの発達に伴う働き方の多様化とその問題点を検討した。最大の問題は、多様化する働き方に対して、法制度が追い付いていないという点であり、事業者の責任から労働者性の問題まで、変化する働き方に即して対応を進める必要がある。

〔注〕

1　NHKスペシャル「シリーズ　マネー・ワールド　資本主義の未来　第1集　世界の成長は続くのか」2016年10月16日放送。

2　シェアリングエコノミー協会　https://sharing-economy.jp/ja/about/

3　Giana M. Eckhardt and Fleura BardhiThe "Sharing Economy Isn't About Sharing at All"（Harvard Business Review, 2015年1月28日）

4　JPモルガンチェース研究所, "Paychecks, Paydays, and the Online Platform Economy - Big Data on Income Volatility"（2016年2月）　https://www.jpmorganchase.com/corporate/institute/document/jpmc-institute-volatility-2-report.pdf

5　アメリカのジャーナリズムにおける用語法の指針を示す、The Associated Press Stylebookの2015年版は、"ride-hailing"、"ride-booking"という呼称を推奨している。https://en.wikipedia.org/wiki/Rideshare

6　ブルッキングス研究所の研究によれば、株主資本主義の進展により労働者を犠牲にした株主への権力移譲が起きた。これにより、雇用から派遣労働の利用という労働力のアウトソーシングが起き、さらに、利用したい時だけ労働者を使用する「ウーバライゼーション」が起きた。結果、労働者の地位はより不安定になっているとされる。

　Jerry Davis, "Capital markets and job creation in the 21st century"（The Brookings Institution, 2015年12月）, https://www.brookings.edu/wp-content/uploads/2016/07/capital_markets.pdf

〔参考文献〕

Davis, Jerry（2015）Capital markets and job creation in the 21st century, A report by the Center for Effective Public Management at Brookings Institute, 14 pages

井出英策（2015）『経済の時代の終焉』岩波書店。

経済産業省経済産業政策局産業人材政策室2017『「雇用関係によらない働き方」に関する研究会報告書』99頁。http://www.meti.go.jp/report/whitepaper/data/pdf/20170330001-2.pdf（2018年2月12日アクセス確認）

厚生労働省政策統括官付労働政策担当参事官室（2016）『働き方の未来2035：一人ひとりが輝くために懇談会　報告書』38頁。http://www.mhlw.go.jp/file/05-Shingikai-12601000-Seisakutoukatsukan-Sanjikanshitsu_Shakaihoshoutantou/0000132302.pdf　（2018年2月12

日アクセス確認)

日本経済新聞（2017）「ライドシェア解禁検討　規制改革会議」2017年2月5日、電子版：
　　　https://www.nikkei.com/article/DGXLASFS04H28_U7A200C1MM8000/（2018年2月12日
　　　アクセス確認、全文へのアクセスには登録が必要）

Obama, Barack（2015）Remarks by the President at the White House Summit on Worker Voice,
　　　Office of the Press Secretary, The White House（for immediate release, Octobe 7, 2015）,
　　　https://obamawhitehouse.archives.gov/the-press-office/2015/10/07/remarks-president-
　　　white-house-summit-worker-voice（2018年2月12日アクセス確認）

Smith, Aaron（2016）Gig Work, Online Selling and Home Sharing, Pew Research Center, 34 pages

総務省（2015）『平成27年版 情報通信白書』日経印刷。

Summers, Lawrence, H., and Ed. Balls（co-chaired）（2015）Report of the Commission on Inclusive
　　　Prosperity, Convened by the Center for American Progress, 171 pages

Weil, David（2017）*The Fissured Workplace – Why Work Became So Bad for So Many and What Can
　　　Be Done to Improve It*, Harvard, Harvard University Press

日本労働社会学会年報第29号〔2018年〕

事務派遣労働者の働き方と自律性

大槻　奈巳
(聖心女子大学)

1. 派遣労働の現状

(1) 派遣労働者の状況

2017年度の労働力調査によると、派遣労働者の数は134万人であり、雇用者全体の2.3％である。男女比は男性39.4％、女性60.4％である。1985年に労働者派遣法は「専門性の高い」13業務を対象として成立したが、1996年に対象業務が26業務に拡大、1999年に対象業務が原則自由化され、2003年には製造業務における派遣労働が解禁となった。派遣労働者の数は、対象業務の拡大とともに増加、2007年のリーマンショック後に減少、その後また増加に転じている。

派遣労働者に関する調査は様々行われているが、2012年に実施された厚生労働省の「派遣労働実態調査」[1]（男性約4.5割、女性約5.5割）、2013年に派遣労働ネットワークが実施した「派遣スタッフアンケート」[2]（回答者は男性約4割、女性約6割）、一般社団法人日本派遣協会が毎年行っているWEBアンケートの2017年度の結果[3]（回答者の約9割は女性、登録型が多い）を紹介したい。

厚生労働省は5年に一度、「派遣労働実態調査」として事業所とそこで働く派遣労働者に調査を実施している。2012年実施の調査結果によると、派遣労働者が勤務している事業所は調査対象事業所の約1割、過去1年間に派遣契約を中途解除したことがあった事業所の割合は 約2割、中途解除の理由（複数回答）は、「派遣労働者の技術・技能に問題があった」が約4割強と最も高く、次いで「派遣労働者の勤務状況に問題があった」約4割であった。派遣労働ネットワークの調査では、「突然の雇止め」の経験者は約3割、それが「派遣先の都合」である

のが76％、その時に派遣元の対応に不満があったと約6割が回答している。派遣労働が雇用の安定性が低いことがわかる。

　厚生労働省の調査結果によると、派遣労働者を正社員に採用する制度がある事業所の割合は約1割強、このうち過去1年間に「派遣労働者を正社員に採用したことがある」は1.7％、派遣労働者が就業している事業所で、派遣労働者を正社員に採用する制度がある事業所の割合は約3割弱、このうち「派遣労働者を正社員に採用したことがある」は5.8％であった。派遣先で派遣労働者から正社員になるのがきわめて難しいことがわかる。

　年齢をみると、厚生労働省の調査では、30代（35.6％）、40代（26.2％）、派遣労働ネットワークでは、平均年齢36.4歳、30代（約3.5割）、40代（約2割）日本派遣協会の調査では平均年齢は39.6歳、最も多い年齢層は40代（37.0％）、次に30代（32.4％）であった。いずれの調査も30〜40代が全体の約6〜7割を占め、前回調査より年齢が上がっている。

　賃金については、厚生労働省の調査では、現在就業中の時給平均は1351円、性別では、男が1495円、女が1236円、派遣の種類別では、登録型が1263円、常用雇用型 が1432円であった。派遣労働ネットワークの調査では、時給額の全国平均は1179円、前回調査（2011年）から132円減、時給額の首都圏4都県の平均は1339円で164円減であった。年収でみると、68％が「300万円未満」であり、ダブルワークを行っていた者が16％を占めていた。一方で、日本派遣協会の調査では、時給の平均金額は1402円、派遣先の規模による賃金の差は小さくなっており、約4割の人が過去3年間に給与が上がっていたという。

　賃金に対する評価をみると、厚生労働省の調査では「満足していない」35.1％、「満足している」34.9％、「どちらとも言えない」27.2％、満足していない理由は「派遣先 で同一の業務を行う直接雇用されている労働者よりも賃金が低いから」が約3割であった。派遣労働ネットワークの調査では、正社員と派遣労働者との間に格差が「あると思う」との回答は80％にのぼり、格差があると思う内容は賃金、福利厚生、一時金が上位を占めている。

　現在の派遣先での通算就労期間の平均は派遣労働ネットワークの調査では「1年未満」が27％、「3年以上」の長期勤続者が29％、人材派遣協会の調査では派

遣労働者として5年以上働いている者が約半数、そのうち10年以上働いている者が約3割、15年以上働いている者が13％であった。派遣労働者としての働き方が長期化する傾向にある。

　今後の働き方の希望は、厚生労働省の調査では、「派遣労働者として働きたい」43.1％、「派遣社員ではなく正社員として働きたい」43.2％、25〜49歳では、「派遣社員ではなく正社員として働きたい」が「派遣労働者として働きたい」の割合に比べ高い。人材派遣協会の調査では、3年以内を考えたときに派遣社員を希望するものは約4割、正社員を希望するものは約3割、4年目以降を考えた場合は正社員希望が約3.5割であった。正社員になりたい理由は「雇用が安定するから」（86.5％）、「賞与があるから」（73.2％）であった。派遣労働ネットワークの調査では「今後の働き方の希望」としては、「正社員として働きたい」63％、「派遣スタッフを続けたい」21％であった。

（2）労働者派遣法の改正

　2015年に労働者派遣法が改正となり、次のような点が変更となった。第一に、人を替えれば同じ仕事を派遣労働者に任せ続けることが可能になった。これまでは専門26の業務のみ派遣労働の期間制限がなかったが、全業務で上限をなくした。派遣先企業は3年ごとに人を入れ替え、過半数労働組合等の意見を聴けば、同じ仕事を派遣労働者に任せ続けることができるようになった。改正前は3年を超えて働くことができた労働者も期間制限が適用されるようになる。第二に、派遣元事業主への監視を強化した。届出だけで派遣業務を開業できていたがそれを改め、全て許可制にして、国の指導・監督を強化した。第三に、労働者の雇用安定やキャリアアップのための措置が盛り込まれた。3年を超えた派遣終了時に、①派遣先に直接雇用するよう依頼すること、②新たな派遣先の提供すること、③自ら無期雇用する措置を講ずることなどを派遣会社に義務付けた。

2．派遣労働や派遣法改正への指摘

　水野有香（2011）は、派遣労働が間接雇用であることが、「雇用の不安定さ」

と強く結びついていると指摘し、派遣労働に正規雇用として働くことにはない「自由」があったとしても、それは家族による「セーフティネット」があってこそ得られる「自由」にすぎないこと、「専門性」は専門26の業務のうち、事務用機器操作、ファイリングといった事務系業務においては虚構であること、将来展望を描けない不安定雇用を綱渡りする派遣労働者の姿があることを指摘している。そして、「間接雇用」の労働者保護の強化し、派遣労働者を請負労働者に転換する途をたつ必要性、派遣労働から他の安定した雇用への転換を容易にすること、キャリア・パスをつながる形にすること、そして、非正規労働者の処遇を抜本的に改善することを提言している。

　労働政策研究・研修機構（2013）が2010年に実施した派遣労働者、派遣先、派遣元へのアンケート調査の再分析から、以下のことを指摘している。就職氷河期（1993年〜2005年）以降に初職を迎えたサンプルに限定して、初職の内容と最初の派遣先での仕事内容の関連をみると、初職が非事務系の仕事でスタートしたものの半数が、最初の派遣先で事務職に転換していること、初職非事務系から転換し、現在の派遣先で事務系職種に従事している者の規定要因は、女性、既婚、短大以上の最終学歴、1994年以前に初職を得ている、派遣社員の経験年数が長い、これまで働いた派遣先事業所数が少ないこと、派遣事務職の賃金は製造業務に比べて賃金は高く、専門職よりは低く、製造業務に比べ賃金が上がりやすい、一方で一般事務・管理業務では年齢が高くなると賃金が低くなる傾向あり、それはパートの労働市場と重なりが大きくなるからではないか、との知見を述べている。

　小野晶子（2016）は、2015年の改正労働者派遣法について、今回の改正によって初めて同法で「キャリア形成」に関する事項が定められたこと、これによって「キャリア形成支援」は、①「段階的・体系的に必要な知識や技能を習得するための教育訓練」と②「希望者に対するキャリアコンサルティング」を③「有給・無償」で④「全ての派遣労働者を対象」に実施することを派遣元に求めていると述べ、キャリア形成支援の根幹となる①教育訓練と②キャリアコンサルティングに焦点をあてると、一部の派遣元では「段階的」「体系的」なキャリア形成支援の取組みが始まっているという。そして、キャリアラダーにみられるよ

うな「段階的」な職種別のスキルレベルの振り分けと、ゆるやかな賃金の紐付けがみられること、それを研修などの教育訓練やキャリアコンサルティングと「体系的」に結びつけ、派遣労働者のキャリア形成を考えたマッチングも行われるようになってきていると述べ、今後、職種別のキャリアラダーが地域や業界内で共通化できるかということが課題になると指摘している。

　島貫智行（2017）は、派遣労働者の働き方や賃金に関する問題点として、賃金はある時点の賃金が正規労働者よりも低いというより、賃金の継続的な上昇をはかることが難しく、付加給付を得られないこと、派遣労働者として長期的に就業する者が増えているが、異なる企業を移動して技能の蓄積は難しいこと、仕事の自律性として派遣労働者は派遣元事業主が用意した選択肢の中から自分の希望にある仕事を選択しているに過ぎないこと、派遣労働者の派遣先企業で従事する仕事の裁量は小さいこと、派遣先企業から仕事遂行の創意工夫や改善に関する期待は小さいこと、派遣労働者の労働時間は正規労働者より柔軟性が高いとされてきたが、残業がない代わりに、自分の判断で労働時間を変更することができないことを指摘している。

　また、島貫（2017）は、正規労働と比較した場合の派遣労働の付加給付の少なさ、雇用の安定性に低さ、能力開発機会の少なさは有期労働契約と三者雇用関係の両方から生じている、賃金の低さ、労働時間の柔軟性の高さは有期雇用契約から、仕事の自律性の低さは三者雇用関係から生じている可能性がある、三者雇用関係は労働時間の柔軟性を高めることのないが、仕事の自律性が低くするという点で、仕事の質を低くする可能性が高いという。解決方法としては、派遣労働を、①最も労働時間の柔軟性が高い働き方にする、②最も雇用が安定する働き方にする、③最も労働市場で広く活用できる技能や専門性を蓄積できる働き方にする、と述べている。

3．本稿の目的

　現在、派遣労働者として働いている人は、なぜ派遣労働者で働いているのか。事務職派遣労働者を対象にキャリア形成のあり方、知識・スキルの取得のあり方、

派遣社員が自分の働き方をどう思っているかに焦点をあて、派遣労働者として働くことと自律性について検討し、派遣として働く意味を考える。

4．調査の概要[4]

　2016年12月〜2017年3月にかけて実施、スノーボール方式で対象者をお願いした。インタビュー対象者は40名（女性34名、男性6名）、インタビュー時間は平均しておよそ1時間半であった。また、派遣ユニオン、ACW2、派遣協会、派遣元事業主1社にもインタビューを2016年7月〜3月にかけて実施した。本稿では、事務職派遣経験者23名を対象に、派遣労働者として働くことと自律性について考えたい。対象者23名の内訳は、20代2名、30代7名、40代12名、50代2名である。

5．派遣労働と自律性

（1）事務職派遣経験者

　事務派遣経験者23名の経歴をみてみると、初職が正社員だった者は20名、契約社員が1名、アルバイトが1名、仕事につかなかった1名（結婚）であった。多くの者が初職で正社員として働いている。初職で正社員として働いた年数は平均3.3年、2番目の仕事以降で正社員として働いた回数は平均1.5回、平均4.9年であった。

　派遣労働につく前に、派遣労働以外の非正規労働経験（パートアルバイト、契約社員）があったものが18名、多くの者が派遣労働の前に別の非正規労働を経験していた。

　派遣労働者として働いた期間は、3年未満2名、3年以上5年未満が6名、5年以上10年未満が8名、10年以上が6名、平均7年であった。派遣労働者として異なる派遣先に派遣となった回数は、1〜2回6名、3〜4回8名、5〜6回3名、9回以上3名である。1〜2回6名のうち、同一派遣先に9年勤務が1名、13年勤務1名が含まれる。派遣回数の平均は4.8回である。また、派遣労働者として働いた

期間の平均が7年、派遣回数の平均4.8回であるので、派遣先1か所あたり1.5年程度勤務している状況である。

(2) 派遣労働者になったきっかけ／キャリア形成と自律性

事務職派遣経験者23名のうち、20名は初職が正社員であった。派遣労働者の初職は、厚生労働省の調査では約75％が、日本派遣協会の調査でも、約8割が正規雇用であった。まず、正規雇用で働いていた者がどうして派遣労働者になっていくのか事例から見てみたい。

1）事務職正社員を辞めた後、非正規雇用でしか仕事につけず、そのまま非正規雇用

事例1）　Aさん：女性／短大卒／30歳／未婚

短大卒業後、車のリース会社に正社員として就職する。リース車両のメンテナンスを管理する部署で働いた。ディーラーとのやり取りや書類の作成、データ入力等を行っていた。2年半勤務するが、事務の仕事だけで終わるのが嫌、この職場で何を学べるのかわからない、やりがいが感じられない、自分のためにならないのではと思い、退職した。その後、やりたかった販売の仕事をアルバイトではじめる。アルバイトで働き始めたのはとりあえず、アルバイトでいいと思ったからであった。販売のアルバイトの仕事は時給が低く（時給1000円）、事務職に戻りたくなり、2年半働いて辞める。仕事を探すが正社員では仕事がなかった。派遣社員だとすぐに仕事につけたので、派遣労働者として事務職について働いた。最初の派遣先は2年半、次の派遣先は10か月、現在の派遣先は1年半勤務している。

事例2）　Bさん：女性／短大卒／43歳／未婚

短大卒業後、初職で正社員の事務職として就職する。バブル最後の年の入社である。手取り13万円ぐらい。入社直後にバブル崩壊、会社の業績が悪くなり、リストラが実施されるようになる。8年間は本社で一般事務を行っていたが、9年目に新規開拓の部署へ異動、会社の中でも行き場のない人たちの寄せ集めのような部署で、内勤で一般事務を担当した。決まった仕事がない、いいように使われている閉塞感から退職した。正規雇用の仕事を探したがなく、その後ずっと派

遣社員→契約社員→派遣社員で働いている。正規雇用の仕事を辞めた直後は、ハローワークに通っていたが、応募したい求人はなかった。簿記2級の資格を独学で取得し、正社員の仕事を希望したが、見つからなかった（当時、28歳〜29歳）。新卒か中途でも25歳まで、30歳近い人はいらないのだろうと思った。そこで派遣会社に登録した。最初は事務職派遣の仕事が来たが、現在は駅からバスで20分かかる朝8時出勤の工事現場の庶務担当として派遣労働で働いている。

2）初職で事務職以外の正規雇用の仕事につき、事務職につきたくて正規雇用の仕事を辞めるが、非正規雇用でないと事務職につけなかった

事例3）　Cさん：女性／43歳／短大卒／未婚

　短大卒業時に栄養士資格を取得（その後管理栄養士資格取得）、初職で病院の食堂の栄養士として勤務した。手取り16万円だった。朝6時〜15時までの勤務、立ちっぱなし、重いものを持つ仕事で腰を悪くして、離職した。その後、派遣社員（3年）→派遣社員（1年）→派遣社員（4.5年）→正社員（5年）→派遣社員（5年）。事務職の経験がなかったので、派遣社員でしか事務職につけなかった。途中の正社員は派遣先の上司が別会社を立ち上げることになり事務職としてこないかと誘われる。正社員として手取り18万であったが、残業は月60〜80時間で、うち40時間はみなし残業だった。年俸制といわれた。2011年の震災で、会社が危なくなり早期退職にこたえる形で退職した。約5年間勤務する。正社員退職後「教育委託制度」を利用し、大学の中小企業診断士資格取得講座で半期学ぶ。中小企業診断士の資格は取得しなかったがビジネスやパソコンを学ぶ。講座終了後、正社員で仕事を探すもみつからず、経済的に厳しくなり派遣労働で再び働く。

3）正社員をやめて、やりたい仕事に就くが非正規でしかつけず、限界を感じ、方向転換するも派遣でしか仕事に就けなかった

事例4）　Dさん：女性／35歳／大卒

　秘書・翻訳担当の正社員としてとして3年間働く。月給25万程度であった。毎日23時ごろまで残業していたが、残業代は出なかった。翻訳作業のある一定がインセンティブとして支給された。3か月で20万円程度になった。ただ、かかっ

た時間をすべてカバーしてはいなかった。3年間働いたところで、取引先に誘われて、環境関連の会社に正社員として転職した。秘書として働くが、もっとフィールドに出て仕事がしたい、オフィスワークが嫌、花を通して社会貢献したい、フラワーコーディネータの仕事がしたいとの思いが強くなる。1年間週末にフラワーコーディネータプロ養成講座に通い、3年間勤務した正社員の秘書の仕事を辞める。大手花屋にフラワーコーディネータとして入社するが、アルバイトであった（時給は最低賃金の850円からスタート、3年半勤務するが辞めるときの時給は100円上がった程度）。3か月たつと正社員になれるといわれていたがなれなかった。なれる人はほとんどいなかった。店長もアルバイトだった。大手花屋は軍隊のような働き方で、ついていけず3年半勤務したところで退職した。その後は事務職に戻りたいと思うが、派遣社員でしか事務職の仕事がなく派遣社員として働いている。

4）正社員を辞めざる得ない状況があった（倒産、セクハラ）

事例5）　Eさん：女性／39歳／専門学校卒

　1998年に専門学校卒業であるが、当時、景気が悪く求人票はほとんど来なかった。OG訪問に行っても、話はするけど採用はないよ、と言われるような時期だった。通っていた専門学校の経営者つながりで、正社員で就職することができた。月給は20万程度、1年目経理、2、3年目営業内勤を担当するが、3年目に会社が倒産する。社内のなかで同業他社に移った人も多く、声もかけてもらったが、不況業種であったので、再び倒産となるのではと思い断る。好きなことをしようと飲食店で2年弱アルバイトを行い、再び正社員として働こうと就職活動をするが、仕事がなかった。派遣社員として働くことになる。2004年から同じ派遣先に13年間勤務している。

事例6）　Fさん：女性／29歳／大卒／既婚

　学卒後、正社員として勤務していた（約3年）。セクハラにあい、セクハラにあっていることを人事に告げたところ、人事がセクハラを行っている当事者にセクハラの訴えがあったことを伝え、当事者が激怒し、職場にいられないような状

況となり退職した。その後結婚した。正社員として働きたいと思うが、中途入社として正社員になるには経験がないとみなされ、派遣労働で働いた経験は評価されず、逆に足切りにしている感触がある。正社員としてなかなか採用されず、派遣社員として働く（現在3社め、3年弱派遣）。

　＊セクハラの事例は4つあった（正社員を辞めたのが2事例、アルバイトを辞めたのが1事例、派遣先を変わったのが1事例）。

5）留学、ワーキングホリデーのために正社員を辞め、帰国後、非正規でしか働けなかった。
事例7）　Gさん：女性／28歳／専門学校卒／未婚

　旅行関連の専門学校卒業後、正社員として旅行会社勤務する。旅行業務取扱管理者資格を取得している。毎日20〜21時まで残業し、手取りは残業代を入れて20万円に満たない程度であった。職場の雰囲気はピリピリしていた。3年間働いたところで、もともと行きたいと思っていたワーキングホリデーに行く。学生のときはお金がなくて行けなかった。3年働いてからいけと親にいわれていたので、そのようにした。ワーキングホリデーでは、日本食レストランで働いた。日本食レストランにしか雇ってもらえなかった。帰国後、正社員としては仕事に就けず、アルバイト（3か月）→契約社員（3年）→派遣社員となる。

事例8）　Hさん：女性／大卒／45歳

　一般事務の正社員として3年務めた後、学生時代には金銭的余裕がなくて行けなかった短期語学留学にいく。帰国後、正社員の仕事を探すが、見つからず派遣労働で働く。ハローワークにも行くが魅力的な求人はなかった。その後、4つの派遣先で計6年間働く。社会人になったときから学んでいたフラワーアレンジメントで上位資格を取得できたことをきっかけに花に関する仕事に就こうと思う。結婚式場に入っている大手花屋にアルバイトから入社し、契約社員となる。6年間勤務するものの勤務先が結婚式関連から撤退することになり、退職を余儀なくされる。花屋の仕事は体力的に厳しく、やれるのは30代半ば過ぎまでと考え、難しい選択であったが事務職に戻ることにした。事務職の仕事は派遣社員でしか仕事はなかった。

72 特集 〈自律的〉労働を問う

6）正規雇用からアルバイト・派遣社員をへて正規雇用になるが、正規雇用をやめ派遣社員にもどる

事例9）　Iさん：女性／37歳／短大卒／未婚

　正社員として働いていたが、地味な職場が嫌だった。地味でここにいたら自分がだめになると思った。先輩を見てもああはなりたくないと思った。3年は楽しくやったが、職場に派遣社員の人が来ていて、派遣社員なら大きい会社に行ける、丸の内OLができると聞きき、退職した（正社員として3年勤務）。派遣社員として受付業務につくが、受付では先がないと思い、その後複数のアルバイト、派遣労働を経験した。正社員にならなくてはだめだと思い、正社員の仕事を必死で探し、34歳のときに販売職で正社員として採用になる。しかし、月収17万円、9時半から20時の勤務にいやになるとともに、体調不良にもなり退職した（約1年間勤務）。その後再び派遣社員として働いている。

　ここまで、初職が正規雇用であった事例をみたが、次に初職が非正規雇用だった事例をみてみたい。

7）初職が非正規雇用で、そのまま非正規雇用として働く

事例10）　Jさん：女性／33歳／専門学校卒／未婚

　保育科卒、保育士・幼稚園教諭の資格あり。専門学校卒業後は、証券代行会社に契約社員として勤務した。激務だったので、2年半で退職する。その後、派遣社員となり、現在、5つ目の派遣先で働いている。派遣社員として働きながら、ホームヘルパー2級の資格を取得するが、資格のある仕事では働きたくない。3年間声優養成所に通っており、声優になりたい。

事例11）　Kさん：女性／40歳／専門学校卒／未婚

　マッサージの専門学校に通う（3年間）。マッサージ資格取得し、マッサージ店で働くことになるが、正社員としての雇用がなく、アルバイトとして仕事に就く。8年間働くが、正社員になれなかった。仕事中のセクハラ、同僚からのパワ

ハラで退社した。マッサージ店アルバイト（8年）→アルバイト（2か月）→工場やコールセンターで派遣社員（1年程度）→ハローワークのトライアル雇用（半年）→ハローワークからの紹介で独立法人で簡単な事務作業→無給ライター（半年）→派遣事務補助（3年）→派遣事務補助（2か月）→派遣事務補助（2か月）。ずっと非正規雇用で働いているが、ハローワークのトライアル雇用をきっかけに事務職に転換している。

8）小括

　対象者23名中20名が初職は正規雇用であったが、現在、派遣労働で働いている。派遣労働で働くことになった経緯は、①事務職正社員を辞めた後、非正規雇用でしか仕事につけず、そのまま非正規雇用、②初職で事務職以外の正規雇用の仕事につき、事務職につきたくて正規雇用の仕事を辞めるが、非正規雇用でないと事務職につけなかった、③正社員をやめて、やりたい仕事に就くが非正規雇用でしかつけず、限界を感じ、方向転換するも派遣でしか仕事に就けなかった、④正社員を辞めざる得ない状況があり（倒産、セクハラ）、正規雇用を辞めた後、非正規雇用でしか働けなかった、⑤留学、ワーキングホリデーのために正社員を辞め、帰国後、非正規雇用でしか働けなかった、⑥初職が非正規雇用で、そのまま非正規雇用として働く、などであった。女性は一度、非正規雇用になると、なかなか正規雇用になれない社会構造を反映している。

　また、正規雇用で働いていて、「この職場で何を学べるのかわからない、やりがいが感じられない、自分のためにならない」（事例1）、「決まった仕事がない、いいように使われている閉塞感」（事例2）、「先輩たちを見てもああなりたいと思わない」（事例9）、残業代がきちんと支払われなかったり（事例3、4、7）、セクハラがあり対応が不十分であったりと（事例6）、正規雇用の働き方が自律的といえるか難しい状況がある。

　第二に、今回の事務職派遣対象者で、栄養士資格保持者が2名、美容師資格保持者が1名、保育士資格保持者が1名の計4名の国家資格保持者がいた。民間資格であるがマッサージ師資格保持者も1名いた[5]。保育士資格保持者以外の栄養士、美容師、マッサージ師は初職で資格職につくものの、その後、事務職への転換を

74 特集 〈自律的〉労働を問う

希望、事務職の正社員では仕事が見つからず派遣労働で働いていた。そして、派遣の事務職経験が次の非正規ではあるが事務職系の仕事につながってはいた。栄養士は体力的に無理、美容師は子供がいるので土日を休みたい、マッサージ師はセクハラで離職していた。保育士資格保守者は、資格は持っているが保育士として働いた経験はなく、薄給で激務なので働きたくないとのことであった。栄養士、美容師、保育士は女性職といわれる職種であるが、国家資格が必要な専門職としては賃金が比較的低く、働き方が厳しい状況がある。

　第三に、非正社員から正社員になった事例もあるが、正社員の賃金が低い、忙しい等で再び離職している。事例9では派遣労働の行先に不安を正社員の仕事を探して、正社員の仕事につくものの、賃金の低さと長時間労働で離職している。今回の対象者では、非正規雇用から正規雇用となった事例としては、①障がい者施設の事務、管理（年収400万円）、4年勤務、多忙と残業の多さで離職、②事務職、月収18万、5年勤務、希望退職募集で離職、③保険の営業員、3年勤務、あわなかったので離職していた。

　45歳の対象者は、40歳以上で正社員の仕事の求人はほとんどないこと、もしあったとしても「経験5‐10年以上、TOEIC800点以上、大卒35歳未満」が正社員の条件のように感じる、ハローワークになる正社員の求人は介護や輸送など20万円未満であると述べていた。

(3) 知識・スキルの取得と自律性

事例1）　Lさん：女性／42歳／短大卒／既婚

　2017年1月に派遣元会社から「1年以上雇用のある人は、教育訓練があります」との連絡が来た。e-learningだったが、内容はゆるく、ためになるものではなかった。20コース近くあり、1コース30分である。学ぶ時間の時給は支給されるが、時間外にやるようにと指示される。e-learningの開講時間は9:00－21:30、日曜日は休むように言われているので、実際にはやるのが難しかった（勤務は9:00－17:30）。受講しないペナルティは聞いていないが、受講することが重要であるようだった。受講内容と実際の業務にずれがあった（例えばExcelのバージョン）。教育を受けるなら実務に沿ったもの、必要なものをやりたいと思う。

英語でのe-mailの書き方、ビジネス英語などを学びたい。

事例2） Mさん：女性／43歳／大卒／既婚

　外資系企業で時給1900円を維持しながら働いている。大学卒業後、結婚・転居で無職。正社員経験なし。2子出産後、29歳からパートとして働き始め、30歳で派遣社員になる（この時、前職パートのため、複数社落ちている）。以降、派遣先は7社を数えるが、そこで共通する知識やスキルを派遣元の支援等で学べたりはしていない。自力でMSのスキル、BATIC（国際会計検定）、TOEIC675点を取得し、現在は時給1900円程度を維持している。

事例3） Nさん：女性／41歳／短大卒・栄養士資格取得

　栄養士資格によって初職は正社員で細菌検査の仕事をおこなう（1年）。クリエイティブ関係の仕事につきた気持ちを抑えられず、退職した。雇用保険をもらいつつ職業訓練校に半年間通い、印刷、グラフィックに関連するスキルを学んだ。その後、DTPの知識・スキルで正社員として就職するが、その後、創作活動をしたいと考え、派遣社員になる。以降、DTP関連で派遣労働を続けた。社員に研修、成長プログラムがあること、派遣にはないことは不満でもあり、派遣としては同じ仕事をしていると自分が成長できていないのではないかと感じている。

事例4） Kさん：女性／40歳／専門学校卒

　専門学校卒業後、マッサージ師として働くが（アルバイト）、セクハラで退職。その後、工場、コールセンターで派遣をした。ハローワークの「トライアル雇用」で事務職の仕事を斡旋してもらう。「事務職経験あり」が条件であったが、事務職経験はなし、事前にパソコン等の研修も受けることなく仕事についたので、職場では仕事をさせてもらえなかった。しかし、この職をきっかけに、非正規ではあるが事務系仕事に採用されるようになった。派遣先、派遣元に対して、ちゃんと育ててほしい、書類で引継ぎをしてほしいと思っている。

小 括

　派遣元事業主より、パソコン教育などのプログラムは用意され、2015年の改正派遣法後、派遣元はより充実しようとしている。対象者の約6割が研修を受講していた（研修を「やっていない」2割強、「不明」2割弱）が、事務職派遣として働いている今回の対象者にとっては基礎的な内容と受けとめられていた。「キャリア相談」は、対象者の約5割が受けていたが、「やっていない」2割強、「やりたくてもできない」1割弱、「不明」2割であった。

　多くの調査対象者にとって働くスキル（パソコン、英語など）は、自分で身に着けることを求められている状況があり、この点は不満にもつながっていた。派遣労働者と正社員が全く別の職務を担当している場合、OJTもほとんどなく、担当職務をこなしていかなくてはならない状況があった。派遣労働者と正社員が同じ仕事を担当している場合は、正社員からOJTとして仕事内容を学んでいた。

　教育訓練が就職に結びつかない場合もある。「トライアル雇用」を利用した元マッサージ師のKさんはそれがきっかけで、事務職の派遣へ転換できたが、教育委託制度を利用して講座に半年通ったCさん、Bさんのように独学で簿記2級の資格を取得しても正社員としての就職にはむすびついていない。Kさんの「トライアル雇用」は事務職経験がないにもかかわらず、事務職経験を求める職場にいき、かつ事前の研修もなかったので、仕事をほどんど行っていないことが生じていたが、「事務職についた」経験が事務職派遣への転換となっていた。

　小野（2016）が指摘したような変化－「段階的」な職種別のスキルレベルの振り分けと、ゆるやかな賃金の紐付け、これを教育訓練やキャリアコンサルティングと「体系的」に結びつけ、派遣労働者のキャリア形成を考えたマッチングの実施－は確認できなかった。この点はこれからなのかもしれない。

（4）契約期間中の離職と自律性

　次に、契約期間中に離職した事例から考えてみたい。

事例1）　Aさん：女性／短大卒／30歳／未婚

　年齢的に転々とはしたくないが、仕事がやりづらく契約満了の前に辞めることにしたという。派遣社員と正社員の仕事がはっきりと分かれており、派遣社員が

アシスタントを担当し、社員は別の仕事を行っている。はっきりと区分けがされている。同じ仕事をしている正社員が全くいない状況で、正社員が派遣社員に仕事の指示はするが、派遣社員の仕事の中身をわかっていない。派遣社員がやっていることを社員が理解していないという。何度か訴えたがわかってもらえないことからあきらめ辞めることにした。

事例2）　Kさん：女性／40歳／専門学校卒／未婚
　一緒に仕事をしていた社員が途中やめ、そのあと人が入らず、「このままいけるよね」と言われ、2人分の仕事を1人でやった（1年半）。時給は1100円のまま別の仕事まで担当した。打ち合わせにでていないので状況がわからないまま、正社員から丸投げの指示を出され、なんとかやってみると「ちょっと違う」と言われた。負担が大きくなり待遇もこのままという先行きのつまりを感じてやめなければならないという思いに駆られた。

事例3）　Oさん：女性／43歳／各種専門学校卒／未婚
　今まで、20社ぐらいの派遣先で働いたが、1か月で終わりになった派遣先、上司が変わったり、プロジェクトが変更になったりで、明日から来なくてもいいといわれたこともあるという。予定期間未満で契約終了になる場合は、1か月分の給与をもらい、派遣元から念書を書けと言われ、書くことになる。短期で切られることも多い。近いうちになくなる仕事だったり、未経験だといっているのに雇われた場合など、2週間でくびになったこともあるという。

事例4）　Pさん：女性／38歳／大卒／既婚
　派遣先の上司を信頼していたので派遣健保の産休・育休を希望していることを伝えたところ、派遣先上司の態度が変わり、次の契約更新を渋られる状況になった。また、妊娠がわかった直後から週5日の勤務を週4日に変更してもらっていたが、派遣先上司に産休・育休取得希望を伝えた後、週5日勤務してほしいと告げられている。一般的には職場に常駐している派遣デスク（派遣元の社員）に勤務や仕事の要望をいい、それを派遣先に伝えてもらうのであるが、Pさんは逆に

角が立つのではないかと思って派遣先上司につげたという。

事例5）　Qさん：女性／53歳／専門学校卒／既婚

　同一派遣先で約10年間勤務している。派遣先から改正派遣法に関するチラシが届き、自分から申し込んで、派遣先に改正派遣法で自分の雇用がどうなるか聞きに行った。派遣先の部長とコーディネータが対応した。「3年後に現在担当している事務部門で働けるのか」と聞くと、「いられない」と言われた。「どうなるのか」ときくと、「3年を超えそうになった時に、他の仕事を紹介する。しかし、事務職でない可能性はある。今の職場の課長はQさんのことを気に入っているが、次の課長はもっと若い人を希望するかもしれない」「事務職ではないかも、年齢も年齢だし」といわれた。派遣先に直雇用して欲しい、時給をあげて欲しいといったが、予算的に厳しい面があり、直雇用はできない、時給は上げられないといわれたという。

小　括

　ほとんどの対象者が契約期間満了までに辞める、もしくは打ち切られる経験をしていた。仕事上の困難や問題は、派遣元社員から派遣先に連絡する仕組みになっているが、それがうまくいかない場合の離職が事例1であるが、仕事の内容を全く理解していない社員からの指示で働くという状況であることがわかる。事例2ではもともとの契約以上の仕事を同じ賃金でやることがあることがわかる。いずれも自律的といえない働き方が派遣労働者からの離職につながっている。事例3、事例4では、派遣先の都合で契約期間満了前に契約終了することが簡単なこと、事例5では2015年改正派遣法の影響がではじめていることがわかる。

（5）　派遣労働者は正社員としての働き方／派遣の働き方／改正派遣法の影響をどうみているのか

　最後に、派遣労働者が正社員としての働き方、派遣の働き方、改正派遣法の影響をどうとらえているのかについて検討したい。

事例1）　Rさん：女性／28歳／専門学校卒／未婚

　派遣社員やアルバイトは責任がそんなにないので、気持ちが楽である。新卒で入った会社では正社員があまりいなかった。契約社員や派遣社員が多かった。その中で、正社員だからと責任を求められたが、20歳そこそこでとても大変だった。この経験から正社員にこだわらなくなった。いまの派遣先からは3年以上の勤務はないといわれている。

事例2）　Fさん：女性／29歳／大卒／既婚

　現在、正社員の仕事を探しているが、決まらない。面接まで進んだこともあるが、書類が通らないことも多く、こんなに難しいとは思っていなかった。派遣社員で働いた期間が長くなってしまっていた。大企業は派遣社員で働いた経験で足切りをしている感触がある。

　派遣社員は仕事の探しやすさがよい。自分の条件（勤務地、勤務時間）にあった勤務先を見つけることができる。派遣として働く不満は給与の低さ。交通費なし、ボーナスなし。同じような仕事をしている正社員が自分の3倍の給与をもらっていると思うと、なにかしらのフラストレーションを感じる状況である。

事例3）　Aさん：女性／30歳／短大卒／未婚

　派遣社員は、働きたい働き方がしやすい。言いづらいことは派遣元会社から言ってもらえる。正社員はその会社のやり方でやるしかない。正社員だからがまんしていたことも多かった。派遣社員はやりやすい。正社員は怖い。つらいなと思ったらどうしようと考えてしまう。派遣はどうせ派遣だと思われており、期待されていない。

事例4）　Dさん：女性／35歳／大卒／未婚

　派遣のいいところは、自分を最優先できること。時間も気持ちも自分を最優先できる。会社をでてから、会社のことを考えることはない。派遣はストレスなし。正社員は目標設定があり、成果を求められる。これが大変である。正社員は辞めにくいが、派遣は嫌なら辞められる。

派遣の悪いところは、自分みたいな人が多いと業務はやっていくが、部署としての成長を阻害することになると思う。会社は派遣社員をただのコマとしてみている。期待していない。期待されていないと派遣社員も感じている。会社での自己成長を努力しない人が（派遣社員には）多い。自分が早く帰るための工夫はするが、この会社を成長させるためにどうするかは考えない。

事例5）　Iさん：女性／37歳／短大卒／未婚
　正社員になりたい。社会的な安定感が違う。いつまでも派遣社員はまずいと思っている。結婚して派遣社員ならいいとは思う。今いる派遣社員の一人で1月やめる人も結婚している。結婚するか正社員か。30歳になってからはいつも心の片隅に正社員にならなくては、という気持ちがある。年齢制限が怖い。
　派遣社員から正社員になった人を自分は知らない。派遣社員は雇止めもある。会議も出られない、呼ばれない。決まったことを伝えられるだけ。大事な仕事も任せられない。目標クリアも派遣には関係ない話。それがよくて派遣になっている人も多いが、自分も20代では何も考えなかった。
　5年ごとの更新で、5年10年と同じ派遣先で働いている人がいるが、これからは3年で切られる。この先どうしようと自分の周りの人はみんな不安がっている。なぜ派遣のような働き方があるのかと思う。

事例6）　Nさん：女性／41歳／短大卒／既婚
　正社員は研修等があり、成長プログラムもあり、異動や昇進がある。派遣社員は同じ仕事をずっとすると自分が成長できていないのではないか、閉塞感を感じる。モチベーションの維持が大変である。給与の差についてはあまり考えないようにしている。

事例7）　Bさん：女性／43歳／短大卒／未婚
　求めるものは雇用の安定。長く働けるところを探したいと思う。派遣の良い点はブラック企業だったらすぐに辞められること。セクハラをされたら派遣元に言える、相談できる。実際に会社に入ってみないと、会社の雰囲気や人間関係がわ

からないのが現状。(派遣法が改正になったが)3年たっても正社員にはなることは全くできないだろうなと思っている。正社員登用といっても3年で打ち切りになると思っている。

事例8) Sさん：女性／45歳／各種専門学校卒／未婚
　派遣社員は正社員との連帯感がない。テンプちゃんとか派遣さんと呼ばれる。名前で呼ばれない。違うものみたいな。社員よりも設備投資のよう。パソコンのリースとかのようである。

小　括
　正社員の働き方は、安定はしている／責任を求められるのが重荷／怖い、ストレスがある働き方と捉えられている。正社員の働き方に魅力がないため、派遣労働者となっている傾向がある。正社員のときに、将来の展望等ないまま、責任をもて、しっかり働けという圧力が強いと推測できる。派遣の働き方は、仕事につきやすい／嫌ならやめられる／責任がないので気楽という一方で、ただのコマ／人としてみなされていない／正社員と大きな待遇差／期待されていない／キャリアとして評価されないとの感触と認識されている。
　派遣元社員を通して派遣先に言ってもらえれば仕事上の困難や問題を解決できる（解決した）と考えている傾向が強い。派遣先から派遣元を通して要望や不満、その他連絡をするようにと言われているからであるが、自分の仕事上の困難や問題を自分自身で解決できないのは働くうえで大きな自律性の欠如ではないだろうか。対象者たちは、派遣元社員からいってもらえることを歓迎しており、それで働き方が改善することを良いとしているが、正社員として働いた時に仕事上の困難や問題を放置された経験、もしくは、言えなかった経験があるのではないか。
　改正派遣法の盛り込まれた3年を超えた派遣終了時に、派遣先で直接雇用になれると考えている派遣労働者はいなかった。既に、3年以上の勤続はないといわれたり、別の職種になるといわれている状況があった。

6．まとめ

　事務派遣労働者の働き方と自律性について検討した。第一に、正社員の働き方は自律性がないと捉えられ、女性は非正規になると正規になれない構造の中にいた。派遣労働者のほとんどが正社員経験をへて派遣労働者になっているが、正社員としての働き方は正社員に是非なりたいもの、「自律的」に働くことが可能なものとして捉えられていない。そして正社員についている時に、キャリアを転換したいと思ったことが（やりたかった仕事につく、留学に行くなど）、再び正社員に就けないことを招き、派遣労働者になっている傾向があった。また、セクハラや倒産などで正社員を辞めざる得ない状況となり、その後、正社員につけず、非正規として働いていた。女性の場合、正規雇用の仕事を辞めると再び正規雇用につけず、非正規雇用になりやすい傾向があり（高橋康二 2017、大槻奈巳 2015）、その大きな構造の中に、派遣労働者の人々はおかれている。

　第二に、派遣労働やアルバイトから正社員になる事例もあったが再び非正規雇用になってしまっており、正規雇用に定着していなかった。この点に関して、高橋（2017）は、男性の方が女性より正社員転換を経験しやすいことを指摘しつつ、さらに男性の場合、初職が非正規雇用だった者が正社員に転換すると新卒で正社員になっているものと同程度に勤務先に定着するが、女性の場合は初職が非正規雇用だった者が正社員に転換しても、新卒で正社員になっているものほど勤務先に定着しないこと、これは、女性の場合、正社員転換先が中小企業や資格を要しないサービス職に偏っていること、女性の転換正社員の離職のしやすさは長時間労働や休日取得とは関連が薄く、職務レベルの低さや教育訓練の少なさといった職場での人的投資が過少であることとの関連が高いことを指摘している。人手不足の事業所で「人手」として女性正社員転換者を受け入れており、スキルを高めて活躍する将来像が描けないことから離職率が高いと考えることができるという。

　第三に、自分で自律的に知識・スキルを取得してもそれをいかした働き方ができていない状況があった。今回の対象者に、専門学校や短大で国家資格を取得して栄養士、美容師になっても（保育士資格保持者もいたが初職で保育士になって

いない）、事務職に転換しようとする傾向があり、事務職派遣はそのような層が事務職としての経験を得て、非正規雇用であるが事務職へ転換する契機になっていた。栄養士、美容師、保育士は女性職といわれるものであり、専門職ではあるが他の専門職と比べて低賃金、長時間労働である。これらの専門職の待遇を改善する必要があり、また、専門学校や短大で資格を取得して就いた職業から事務職への転職志向になにがあるのかより検討する必要があろう。

「トライアル雇用」の利用の事例は、派遣労働事務職への転換にはなったが、正社員の仕事には結びついていなかった。また、自律的に簿記2級を取得した事例、教育委託制度で講座に半年通った事例も正社員としての就職に結びついていなかった。自律的に得た知識・スキルをいかした働き方ができるようにしていく必要がある。

第四に、派遣として知識・スキルを自律的に得られない状況があった。正規雇用から非正規雇用になると、再び正規雇用になるのは難しく、多くの事例の場合、派遣を「きざむ」状況になっている。この状況において、事務職派遣労働者は派遣労働を通して知識やスキルを蓄積していないし、期待をされているとも思っていなかった。知識・スキルの蓄積は本人に委ねられていた。また、派遣労働経験が正社員応募時の足切りに使われているのではないかと考える対象者もおり、足切りに使われているかは定かではないが、派遣労働が評価されてはいないようである。

小野（2016）が指摘したような変化－「段階的」な職種別のスキルレベルの振り分けと、ゆるやかな賃金の紐付け、これを教育訓練やキャリアコンサルティングと「体系的」に結びつけ、派遣労働者のキャリア形成を考えたマッチングの実施－は確認できなかったが、改正派遣法後、派遣元会社は教育訓練とキャリアコンサルティングに力を入れようとはしている。これから変化する可能性はある。

第五に、ほとんどの対象者が契約期間満了までに辞める、もしくは打ち切られる経験をしていた。仕事の内容を全く理解していない社員からの指示で働く、もともとの契約以上の仕事を同じ賃金でやることなどが自律的といえない働き方が派遣労働者からの離職につながっていた。また、派遣先の都合で契約期間満了前に契約終了することが簡単なこと、2015年改正派遣法の影響がではじめている

84　特集　〈自律的〉労働を問う

ことが明らかになった。2015年改正派遣法の影響としては、3年を超えた派遣終了時に派遣先で直接雇用になれると考えている派遣労働者はいない、既に、3年以上の勤続はないといわれたり、別の業種になるといわれている状況があった。

　事務職派遣労働の働き方と自律性について検討してきた。事務職派遣労働者の働き方は、知識・スキルが蓄積できない、仕事の内容を知らない正社員から指示される、派遣先都合の契約期間中の契約終了が簡単にできるなど、自律性が低い働き方であった。一方で、多くの事務職派遣労働者の初職は正社員であり、正社員の働き方も自律的に働くことができるとみなされていなかった。「自律的」でない正社員の働き方からキャリアを転換しようとして、正社員を辞めることが正規雇用からの離脱、そして再び正規雇用につけなくなることを招き、派遣労働として働くことにつながっていた。派遣労働の自律性を考えることは正社員の働き方の自律性を検討することであった。

〔注〕

1　事業所規模5人以上の事業所約17,000カ所と、そこで働く派遣労働者約12,000人を対象として2012年10月1日現在の状況について調査を実施した。有効回答率は事業所調査で65.9%、派遣労働者調査で68.1%であった。2017年にも調査が行われているが、結果はまだ公表されていない。

2　派遣労働者、最近派遣就労していた人を対象にインターネット上で2013年4月1日〜2013年8月31日に実施。有効回答数は537件である。

3　インターネット上で、派遣で働いている者と、過去10年未満の間に派遣で働いていたことがある者7,333人を対象に実施し、「現在、派遣で働いている」と回答した5,335人（72.8%）の回答結果である。調査の依頼・広報は、協会ホームページ、派遣協会会員から派遣社員への依頼、派遣協会会員ホームページへのバナーリンク、協力団体・企業のホームページへのバナーリンク及びメールマガジンから行った。協力依頼は、派遣協会会員、はけんけんぽ、リクナビ派遣、エン・ジャパン、はたらこねっとへ行った。

4　本調査は、「派遣労働のキャリア形成：専門性・職域・年齢制限を軸とした社会学的アプローチ」の題目で科学研究費基盤（c）として実施した。メンバーは、聖心女子大学大槻奈巳、明星大学鵜沢由美子、杏林大学江頭説子、和洋女子大学田口久美子である。

5　本研究全体の対象者40名の内訳としては、調理師資格保持者1名、栄養士資格保持者が3名、美容師資格保持者が1名、保育士資格保持者2名の国家資格保持者がいた。本稿で対象としなかった事務職に転換していない調理師資格保持者1名と栄養士資格保持者1名は、派遣社員として資格とは全く関連のない仕事を担当し（チョコレート箱詰め等）、

その後資格とやや関連した仕事（水質検査や微生物関連）で働いている。民間資格であるがマッサージ師資格保持者も1名、ファイナンシャルプランナー1級1名、ファイナンシャルプランナー2級2名、簿記2級1名、ホームヘルパー2級2名であった。

〔参考文献〕

一般社団法人　日本派遣協会（2017）WEB調査結果。https://www.jassa.or.jp/employee/enquete/180124web-enquete_press.pdf　（2018年4月1日閲覧）

厚生労働省（2013）平成24年度派遣労働者実態調査の概況。http://www.mhlw.go.jp/toukei/itiran/roudou/koyou/haken/12/index.html（2018年4月1日閲覧）

水野有香（2011）：「派遣労働問題の本質：事務系女性派遣労働者の考察から」藤原千沙、山田和代編『労働再審3巻　女性と労働』大月書店。

NPO法人派遣労働ネットワーク（2013）2013年度派遣スタッフアンケート集計結果・概要版http://haken-net.or.jp/modules/tinyd4/content/hsen_2013_2.pdf（2018年4月1日閲覧）

小野晶子（2016）「派遣労働者のキャリア形成支援―派遣元に求められる対応を中心に」『日本労働研究雑誌』2016年6月号（No.671）、38-52頁。

大槻奈巳（2015）『職務格差』勁草書房。

労働政策研究・研修機構（2013）『派遣労働者の働き方とキャリアの実態―派遣労働者・派遣先・派遣元調査からの多面的分析』労働政策研究報告書No.160。

島貫智行（2017）『派遣労働という働き方―市場と組織の間隙』有斐閣。

髙橋康二（2017）「転職による正社員転換と雇用の安定」『非正規雇用の待遇解消にむけて』労働政策研究・研修機構。

日本労働社会学会年報第29号〔2018年〕

現場の「自律性」の再検討
——自動車産業を事例に——

伊原　亮司
(岐阜大学)

はじめに

　本発表の課題は、自動車産業の現場における「自律性」について再検討することである。他の発表者は雇用関係にまつわる労働者の「自律性」の実態を紹介したが、わたしは、雇用関係を主とする経営環境・経営施策を踏まえつつ、生産現場の「自律性」に焦点をあてる。

　かつて、労働者といえば経営側に「抵抗」する存在であり、労働者の「自律性」の発揮といえば経営側の意向に反する行為として想定された。ところが、露骨な抵抗は職場から消え失せ、労働者は、なかでも日本の労働者は、「参加」を促す巧妙な管理と「現場主義」に根ざした権限委譲により、直接的な指図を受けずとも経営側の意図を汲んで自発的に働く者として、主流派の経営理論（「日本的経営」論など）で描かれるようになる。反発や不満を拾い上げる労働研究も皆無ではないが、トヨタを筆頭とする日本企業の好業績と競争優位を念頭に置く論者たちは、それらの発露を経営体制の「ガス抜き」として位置づけた。このような捉え方は、調査・分析を行った時代の制約によるものか、調査方法や分析フレームの不十分さによるものかは定かではないが、いずれのケースも、働く者たちの「自律性」を労働者の本質から想定したり、強固な企業社会や揺るぎない管理体制の枠内で解釈したりして、固定的に捉える点に共通の限界があったように思われる。そして、先行研究のように「自律性」を規定することの問題は、組織内外の多様性を切り捨ててしまう点であり、変化する現場を捉えきれない点であり、ひいては「新しい働き方」の可能性を閉ざしてしまう点である。

本発表は、はじめに、職場における「自律性」の概念を再検討し、実態と照らし合わせて従来の概念規定の限界を示す。そして、自動車産業の現場を取り巻く環境の変化を踏まえ、現場における「自律性」の変容を提示したいと思う。

〈要点〉

①労働者という「主体」が本質的に存在するわけではない。職場における「自律性」（行動を細部まで他律的にコントロールされないこと、と一般的に定義する）はミクロ・マクロの無数の要素や社会の諸関係の影響を受けながら多様な形で発揮される。

②したがって、同じ日本の自動車関連企業で働く者であっても、「自律性」の発揮の仕方は異なる。共通点がないわけではないが、トヨタと日産、大企業と中小企業などで違いがある。

③社会の環境や諸関係の変化をきっかけとして「自律性」の発揮の仕方も変わる。ただし、その変わり方は環境や諸関係の変化と一対一の対応関係ではないし、必ずしも行為主体が意図した形でもない。他方で、各場には変わりにくい力学があり、既存の慣性から逃れにくい面もある。したがって、職場における「自律性」を捉えるには、変化と一貫性の両面に留意しなければならない。

④現状は、経営環境がドラスティックに変わり、職場の「自律性」にも変化がみられる。既存の社会関係が不安定になり、現場に過重な負担が押し付けられ、現場の「自発的」な運営力は総じて弱体化し、職場秩序に綻びがみられる。このような状況に対して、「現場主義」という経営イデオロギーが改めて吹き込まれ、現場は秩序回復と「リスクマネジメント」という更なる負担を強いられている。

1．「自律性」概念の仮説的再検討

（1）旧来の「自律性」の捉え方

1）統制に対する抵抗

「統制」に対する「抵抗」というスタンスが、労働者という「主体」から必然的にもたらされる態度と思われていた時代があった。たしかに、抑圧的な経営者

88 特集 〈自律的〉労働を問う

に対して労働者が反発を露わにする時代やケースはあった。終戦直後には職場闘争が全般的に盛り上がりを見せ、自動車産業労働者の例を挙げると、総評全国金属プリンス支部組合員はその後も闘い続けた。日産とプリンス自動車工業との合併（1966（昭和41）年）に際して、プリンス側の労組に残った者たちは嫌がらせやいじめに遭ったが、それらを耐え抜き、理不尽な処遇に対して異議申し立てを行うようになった。そして、経営側の非情な対応をものともせず、職場環境を改善させることさえあった。例えば、「就業時間前の体操や作業準備は不払い労働である」と職場で訴え続け、就業時間内にやらせるようにした。このようなケースがないわけではないが、旧全金プリンスの者たちも、四六時中、経営側に反発していたわけではないし、ましてやその他大勢の労働者は職場であからさまな抵抗をほとんど見せなくなった。

2）「自主的」な職場運営、カイゼン・提案、異常処置

経営管理と労働者との関係を捉える分析枠組は、「統制」に対する「抵抗」から、「やる気の調達」や「成長の促進」を意図した労働者管理に対する積極的な「運営参加」、「自発的」なカイゼン活動、複雑な作業への「関与」へと変わった。日本企業の優位性が認められるようになると、日本企業に固有な協調的労使関係が競争力を生み出す源泉とみなされ、「協力」や「信頼」といったコンセプトは職場の分析にも適用され、「社員」「従業員」は力を合わせて懸命に働く者として想定されるようになった。

3）不満の表出はあっても、企業社会・経営体制の維持に寄与する

もっとも、「日本的経営」が全盛の時代にも、労働者は全員が全員「やる気」に満ちていたわけではない。ましてや、過労自殺、ハラスメント、うつ病などが社会問題化している現状において、働く者に不満がないとは考えにくい。先行研究の中には職場での不満の表出を捉えたものもないわけではないが、強固な企業社会と安定した経営体制を前提として考察し、それらをガス抜き程度の現象として解釈した。労働者の意図せざる結果ではあるが、不満の発露は経営体制を変革させるのではなく支えるとして、先行研究はそれらの体制維持機能・補強機能の

側面を強調したのである。

(2)「自律性」の特徴－複雑さ、多様性・多義性、変化

　旧来の「自律性」の概念とは、労資・労使関係に規定され、管理制度から演繹的に導出されてきたことが分かる。労働現場に入って「自律性」の実態を調査した研究もなくはないが、機械設備の布置関係から解読し、既存の経営構造の中に位置づけ、管理制度により作られる「自律性」や経営体制に回収される「自律性」をイメージしてきた。しかし、「自律性」の発揮の仕方はもっと複雑であり、場によって多様であり、経営環境の変化をきっかけとして変わり、経営に及ぼす影響も一様ではないのではなかろうか。

　職場における「助け合い」を例に考えてみよう。それは、職場運営を滞らせないための管理手法（チームコンセプト）であり、労働者を企業組織に統合するための経営イデオロギーでもある。この観点からみれば、経営側の意向に沿ったものであるが、それとは無関係に仲間を助けたいと思う心根が労働者にないわけではない。困っている同僚を手助けする人もいるであろうし、仲間が潰れないように「サボり」を見逃す人もいるであろう。先行研究が指摘するように、このような倫理感や仲間意識は、当人らの意図とは関係なく、既存の経営体制を維持・補強する面もあるだろうが、インフォーマルに自分たちの働き方を再構築し、過重な負担から自分たちを守っている面も看過すべきではない。

　反対に、「サボり」とは一般的には会社の利害に反する行為として捉えられ、社会的通念として否定的な意味で使われる。たしかに、大がかりな「サボり」は会社に損害を与えるが、全く「手抜き」をせずに働かれても、会社が困ることにはならないか。例えば、「お客様第一」といった会社の理念通りに労働者が過剰に品質やサービスを提供すれば、会社にとって「割に合わない」ことになる。被雇用者は「勤勉に」だけでなく「要領よく」働くことが求められ、後者の内実には往々にして「手抜き」が含まれる。また、働き過ぎて過労死でもしたら、自分や家族が悲惨な目にあうだけでなく、会社にとっても損失であろう。安全配慮義務違反に基づく損害賠償を請求されたならば、世間のイメージも悪くなる。つまり、「手抜き」は表だって肯定されることはないものの、労働者にとって、そし

て会社にとっても、「一定の合理性」があるのではないか。

　このように机上で少し考えただけでも、労働者の「自律性」とは複雑であり、状況によって解釈が変わり、既存の経営体制や職場環境に対して多様な影響を及ぼす可能性があることが想像される。

　労働者の「自律性」に対する本質論的な捉え方は、経営者・管理者の「自律的な活動」に目を向けるとさらに揺らぐことになる。彼らの活動は必ず会社を利するのか。会社に損失を与えることがあっても、「良かれと思ってやった」結果であれば「仕方がない」のか。「会社を益するため」であれば、法に反する行為でも許されるのか。そもそも「会社のため」とは具体的に何を指すのか。経営者と株主との利害の相違を考えるだけでも、その意味は一義的には決まっていないことが推察される。会社のお金を横領する、企業情報を売るなど、明らかに会社に損害を与えるケースもあるが、例外として無視すべきなのか。力を持つ人たちの行為は合理化され、経営者や管理者は本質的に会社を利する存在であり、会社のために人並み以上に勤勉に働く人たちであると思い込まされ、それと表裏の関係として、労働者は本質的に（＝放って置くと）会社に損失を与える存在であり、それ故に管理して会社を利するように仕向けるべきである（仕向けてきた）、と極端に想定されてきたように思われる。各主体の行為と会社に対する貢献および損失の因果律は厳密に証明されてきたわけではないにもかかわらず、である。経営者や管理者の行為は、労働研究ではほとんど注目されてこなかったが、本質論に囚われた労働者の「自律性」という概念を再検討する上でも、見直す必要があるだろう。

　働く場における「自律性」とは、マクロの労と使の関係──対立的か協調的か──からだけでは説明しきれない複雑さを持つ。「自律性」は各場を取り巻く無数の要素の中で発揮されて多様であり、雇用が「多様化」している現状において、より複雑化している可能性がある。「自律性」の発揮の仕方は、同じ「労働者」として一括りには扱えなくなっているのではなかろうか。

　ただし、当然のことながら、「自律性」の〈複雑さ〉や〈多様性〉とは働き方の〈自由さ〉を意味するわけではない。行為の自由度には制約があり、その制約のあり方がそして制約の設け方こそが、働く者にとってそして管理する側にとっ

ても大きな意味を持つ。経営側は、職場の細部にまで管理の眼差しを浸透させ、行為に対する解釈の余地を縮減し、「自律性」をも操作しようとする。行為が多義的に解釈されうる領域に対して、管理者はどこまでコントロールを貫徹しているのか。管理部門が設計した制度だけでなく、ミクロの場における日常的な管理の実践が、各場の力学を強く規定する。かりに制度が似通ったものであっても、制度を運営する力の相違により、各職場における力学は大きく変わってくるであろう。

　各場には固有な力学があり、それが構成員に特定の行為を促し、固有な力学を維持・強化する。もちろん、職場力学は完全に固定化されているわけではない。職場内外の要素が変わることにより変化が生じうる。ただし、それらは表層的な変化の場合もあれば、基底的な変化の場合もあり、変化の次元に留意すべきである。「自律性」を適切に捉えるためには、一貫性と変化の両面に注意を払い、現状調査を行うとともに歴史的視点をもって職場をみなければならない。

2．現場の実態と歴史的経路

　安定した労使関係や主流の管理制度の枠組内で想定され、位置づけられてきた「自律性」に対して疑問を呈した。以下、これらの論点を念頭に置いて、トヨタを主とした自動車産業の事例から「自律性」の実態をみていこう。

（1）複雑なコンテクスト

　筆者が参与観察した製造現場の人間関係を紹介する。労務管理や小集団活動などを通して作られたものであり、労働者は経営側の意図を汲んで監視・牽制・扶助し合う。しかし、職場は経営側の論理一色に染まっているわけではない。会社外のつきあいや個人的な親密さが職場に持ち込まれ、「手抜き」を許し合う「いい加減さ」も共有される。「オレの持ち場」、「オレたちの居場所」という意識が労働者の中にないわけではない。職場の「仲間意識」は会社によりつくられたものか、会社とは無関係に生まれた感覚なのか、その境界は定かではないが、すべての労働者が経営側に対して「べったり」なわけではなく、一定の距離をとる感

覚を持ち合わせている。不真面目な同僚に対して「きちんとやれ」と非難することもあれば、仕事に追われている同僚に対して「うまくやれ」と「手抜き」を見過ごすこともある。

「自律性」を発揮する余地がないと思われるライン作業ですら、「手抜き」が行われている。ライン労働者にとって作業する上で最も注意すべき点は品質であり、「誤品・欠品」を流さないことである。ライン内の検査作業は標準化されており、いわゆる「熟練」が必要なわけではないが、どれほど細かく作業を定型化しても最終的には目視による確認が欠かせず、その判定には必ず曖昧さが残る。在庫が最小限に削られたトヨタ生産システム（以下、TPS）の下では、タクトタイム内に作業を終えるだけでなく、確実に「良品」を後工程に送らなければ、ラインが止まってしまう。このような文脈に置かれたライン労働者は、瞬時に良品か不良品かを見分ける「眼」を養う。とはいうものの、細かな部品を何百・何千と作り続けると、集中力が衰え、気力が萎え、眼が疲れる。ライン労働者からすれば、不良に出くわす確率は低い。となると、検査するふりをして「そのまま流す」ということをしてしまう。不良が流出すれば、職場全員が集まって反省会を開き、再発防止の手立てを講ずる。そこでは会社からの「圧」を感じた。しかし、組織の「末端」で働く者からすると「そこまで徹底するのは無理」と愚痴の一つも言いたくなる。とりわけ夜勤で働いている時などは「やってられない」といったなげやりな雰囲気が生まれることもあった。かくして、反省会は形だけで終わる。

もちろん、「手抜き」が表だって奨励されるわけではない。対外的には「手抜き」がばれれば叱責をくらうし、職場運営上も「手を抜き」すぎれば困ることになる。しかし、「手抜き」を「許容する」ことなしには、職場が回っていかない面も見落としてはならない。経営者と労働者との間はもちろんのこと、経営者と管理者との間にも利害の相違があり、現場管理者は「（経営側にとっての）正論」だけでは職場が回っていかないことを知っている。例えば、経営側からすれば、不良の流出は絶対に阻止しなければならないが、現場の管理者からすれば、あまりにも質にこだわり厳密に検査しすぎると、作業スピードが落ち、ノルマの達成が困難になる。管理者は、経営側の意向を現場に伝える立場にあるが、現場の人たちから協力を得ながら仕事を進める立場でもあり、そこら辺りは「適当に」や

らなければならないことを理解している。また、部署間で利害が対立することも珍しくない。品質、生産効率、安全など、各部署が求める課題は相反する場合がある。理想論として言えば、すべての課題をこなすべきであるが、現場の管理者が自分たちの職場をそして自分自身を過重な負担から守るには、管理部門や他部署との駆け引きが不可欠であり、「優秀な管理者」は、「上」や他部門からの要求を自分の職場で追求する程度をわきまえている。

　逆に、労働者は、何が何でも「手抜き」をしたいと思っているわけではなく、同僚の「手抜き」を無条件に許容するわけでもない。あらゆる場面で、すべての同僚に対して、「程度」をわきまえずに、「手抜き」を認めるわけではない。それは、経営側の意向が職場に浸透し、それが労働者間の相互監視・相互牽制に転換されているからであるが、労働者は労働者なりに、自分の仕事に誇りを持ち、「良いモノをつくりたい」という倫理観を抱き、職場秩序を守ろうとする規範を身につけているからでもある。それらの倫理観や規範を会社側の管理やイデオロギーだけから説明するのは無理がある。

　「労働者の文化」は「経営側の文化」と正反対と思われることがあるが、前者の文化なしには職場は回っていかないのである。かりに、経営側が労働者を思い通りに動かしたいと思い、「労働者の文化」を一掃しようとしても、おそらくうまくはいかないであろう。なぜなら、そのためには、経営側がすべての行為を指図するか、経営側の意図をフロアの隅々まで浸透させなければならないが、ほとんどの組織では不可能であるからだ。トヨタを真似してTPSの導入を試みた企業の事例がそのことを示す。TPSとは、純技術的な管理システムではなく、働く者の旧来の文化を解体し、経営側主導で組織文化・職場文化を作り替えることによって成り立つ。しかし、筆者が調査した事例では、ほとんどの企業は新しい文化の作り替えを徹底できず、職場を混乱させただけで終わっている。

　あらゆる現場は、経営側の文化と労働者側の文化を含み、それぞれの文化は画一的ではなく、一義的でもない。前者の文化は、職務規定に反する行為を表向きは許さないが、現場の管理者は、管理業務を面倒に思って「手抜き」することがあり、現場の人に対して過度に干渉しないように自制することもある。後者の文化は、口を出されたくないという反発心を具えることがあるが、労働者は職場秩

序を守ろうとするメンタリティを持つ。各場には「手抜き」の「許容範囲」、「お約束の範囲」がある。各構成員に対する「信頼度」によってその範囲には個人差があるものの、管理者も含む構成員はその範囲を暗黙裏に共有し、それらが各場を守る「職場倫理」になっているのである。

(2) コントロール欲求

どれほど管理制度が精巧・緻密であろうと、職場には「自律性」を発揮する余地が存在することが分かった。このことは一般論として成り立つ。ただし、そのような領域をいかにコントロールするか、「お約束」になっている領域にどこまで入り込めるのか、飽くなき欲求と実際の踏み込み方は組織によって異なり、それらの違いにより各場における「自律性」の発揮のされ方は大きく変わってくる。

トヨタの現場管理者の例をみてみよう。彼らは、「上」から課せられた厳しい目標をライン労働者に遂行させるために、持ち場にまで頻繁に足を運び、フロアのあらゆる面に目配りし、「ムダ」をなくし、作業者の動きをもつくり込もうとするわけだが、このような職場の解体と再構築は、カイゼンなどの管理制度を導入さえすれば自動的に進むわけではない。このシステムを持続的に回していくには、貪欲な管理欲求と卓越した管理能力が欠かせず、それらはあらゆる現場に一様に具わっているわけではない。日産の管理者は、おそらく大方の企業の管理者も、トヨタほどには現場に入らないし、入りたくてもできないのが実情であろう。管理する者も皆が好きで管理するわけではない。先述したように、現場に足を運ぶことを「面倒だ」と思う人も少なからずいるであろうし、ライン労働者に嫌われてまで口を出したくない人もいるであろう。にもかかわらず、トヨタの管理者は、遠慮なく精力的に持ち場内にまで足を踏み入れていた。

トヨタの管理欲求と管理力を体現する存在として見落とせないのは、職場リーダーである。職制ではない若手のリーダーがフロアに常駐し、労働者に対して密な管理とまめな「ケア」を施し、組織の「末端」をとりまとめる支柱になっている。労働者からすれば「身近な存在」である職場リーダーとの「会話」を通じて、統制的な面をさほど意識することなく経営側・管理側のモノの見方や考え方をすり込まれていく。トヨタとの比較でいえば、日産では、管理の手や眼差しが組織

の「末端」にまでは届きにくく、労働者は自分の裁量で働きやすく、自分のペースで「息抜き」しやすかった。

　フロアのあらゆる面を統制下に置きたいと欲し、ムダをなくすことを望み、ムダな動きを極力省こうとし、実際にそれをやり続けてきたのがトヨタである。この強い管理欲求と管理力──「高さ」や「きつさ」よりも「しつこさ」や「ねちっこさ」──があって、トヨタの現場はつくり込まれてきた。つまり、トヨタは、労働者の一挙手一投足までコントロールしようとするわけではないが、「自律的行為」に対する解釈の余地をできる限り縮減しようとしてきたのであり、自分たちが思う通りに労働者が「自発的」に動くよう、職場をカイゼンし続けてきたのである。

　コントロール欲求は、職場により一定の水準がある。人の動きや製品の品質に対して求める精度は、フォーマルな管理制度によって定められているが、実践レベルでは、インフォーマルな人間関係を通して伝わっていく。職場に入ったばかりの新人にはその水準がわかりにくい。上司や先輩から指導や叱責を受け、職場経験を重ねていくうちに身につけていく。その水準を体得すると一人前として認められ、やがて自らがその水準を新人に教えるようになり、諫める側に回る。精度は職場構成員間で共有（強要）され、意識として定着し、各人に身体化される。かくして精度が保たれると同時に、一定のコントロール欲求が職場で受け継がれていくのである。

　職場におけるコントロール欲求は、表だっては見えにくいものである。長年かけて組織に蓄えられ、暗黙裏に伝承されてきたものであり、意図的に操作しにくい特徴を持つ。統制欲求が強い個人が配属されると職場の雰囲気が変わることもないわけではないが、他者の反発に遭ったり、その人がいなくなったりすれば、元に戻ることも少なくない。歴史的経路に依存し、偶然の要素を含み、必ずしも合理的な意思決定の結果ではないことも、意図的に作りにくい理由の一つである。以下、トヨタと日産の現場における力学の形成過程の一端を振り返りながら、この点を検証する。

（3）組織の学習と力学の形成

　職場における力学は、管理諸制度から合理的に説明しきれるものではない。組織内外の諸要素の影響を受け、思わぬ出来事が強く作用することもある。そして、ひとたび力学が職場に定着すると、構成員個人は希望していないにもかかわらず、その力学を強化する形で行為を促されることが多々ある。現在の場は、歴史的経路に依存しながらできあがるのだ。

　トヨタと日産は、会社創設直後に企業内学校を設立し、自前で熟練工を育ててきた。両社の養成工は同じように現場の中核を担い、労働者を牽引してきたわけだが、違いもある。トヨタのそれは、階級闘争的な労働組合を切り崩す上で人事部と密に連携を取りながら中心的な役割を果たし、その「貢献」が今もって社内で称えられ、組織の「求心力」の源泉であり続けている。現場管理者としてまた組合役員として「社内の重職」を担ってきた。日産でも、1953（昭和28）年の大争議の敗北を経て、経営側に対して断固たる対決姿勢を示す第一組合は消滅した。その際、第二組合（のリーダー）が第一組合を内側から崩壊させる上で決定的な役割を果たし、その後の現場を実質的に掌握した。現場掌握の主体の違いは、現場の「中核層」に対する教育の違いに結びつく。トヨタは、体系的かつ緻密な労務管理を通して会社の盤石な組織構造の中で現場の「中核層」を育成してきたのに対して、日産は、後に自動車労連会長になる塩路一郎が中心になって養成工や現場管理者を〈手塩にかけて〉育てたのである。ただし、会社全体を巻き込んだ権力闘争の末、「天皇」と称された塩路が失脚し、トヨタ同様、日産の経営陣は組合の「現場介入」を排除することに成功した。これらは周知の事実だが、実力者たちの末路をみてきた日産の現場の人たちは、力を持つ者に対して露骨に反発するわけではないものの、心から傾倒するわけでもなくなった。一時的には熱狂しても、いつかは変わるであろう（労使の）トップに振り回されぬよう、「上」の趨勢を冷静にうかがうようになった。これは、「組織の（意図せざる）学習」といえよう。もっとも、日産の経営陣は、とりわけ人事部は、同じ「過ち」を繰り返さないために、塩路を失脚させた際、新たな「功労者」を意図的に作らせなかったのである。そうすることで、「カリスマ的リーダーが現場を牛耳る」という慣例をなくすことには成功したが、そのことは、経営側が現場から「全面的な

現場の「自律性」の再検討　*97*

協力」を得ることと同義ではなかった。

　トヨタと日産はともに、入社10年ほどの期間は、同期入社の社員間で昇進にあからさまな差は設けない。多くの日本企業と同様の社員管理（遅い選別）をしてきた。できるだけ多くの労働者から長期間「モチベーション」を引き出すためである。しかし、トヨタは、多くの労働者から「やる気」を引き出すとともに人事部主導で「中核層」の育成を表立たずに行っており、全体の「底上げ」とリーダーの育成とを意識的・計画的に両立させてきた点に特徴がある。先述した養成工の「活躍」とトヨタ工業学園における集中的な教育により培われたリーダーとしての自覚が、「選抜」の結果を曖昧にしたままで現場を牽引させることを可能にしてきたのであり、全体を「底上げ」しつつ現場リーダーを養成することを容易にしてきたのである。

　日産では、現場から到達できるランクが相対的に低く、経営側と労働者側との間の「線引き」がトヨタに比べて明確であるため、現場から「上」に向いたベクトルはもともと弱い。1980年代の中頃には企業内学校がなくなり、現場の「中核層」の牽引力はさらに弱まった。80年代の後半に復活したが、入学対象者は高卒社員に変わり、トヨタのような中卒の「たたき上げ」ではなくなった。「ゴーン改革」の際にも、現場にはほとんど手が加えられなかったが、このような問題を意識してか、近年、若手監督者の養成が目標に掲げられ、企業内短大を卒業した労働者の早期昇進が図られ、現場エリートの育成が試みられている。しかし、傍目にも分かりやすくリーダーを速成すれば、全体の「底上げ」と相いれないことになる。その他大勢の労働者が納得しなかったり、早い段階で「やる気」を失ったりする懸念が生じる。歴史的・文化的背景が影響を及ぼし、矛盾する要素が介在するため、経営側が意図した通りにリーダーを育み、労働者を牽引する力を現場に定着させることは難しいのである。

　日産の職場力学の歴史的経路依存性（と経営施策の非合理性）は、プリンス自工との合併とその後の経緯からも見えてくる。この件については冒頭で少し触れたが、大企業どうしの合併の常であろう、うまくいったとは言い難かった。とりわけ問題になったのが、労働組合どうしの関係である。両社の労組は異なるナショナルセンターの傘下にあり、合併に際して激しい衝突と混乱を引き起こした。

プリンスの労働者は、合併前から日産側の労組に執拗に勧誘され、それを拒む者はやがて取り囲みにあい、暴力を受け、仕事を取り上げられ、仲間はずれにされ、常時監視された。合併から半世紀が経ち、世間はもちろん、日産社内ですら、プリンス自工との合併に際した揉め事に関心を寄せる人はほとんどいないだろう。だが、遠い昔の話ではない。差別は90年代初頭まで続いたのであり、プリンス側の労組に所属した最後の組合員は2010（平成22）年3月末まで日産で働いていたのである。日産の経営者は、階級闘争的な労組を潰さなければ、競争力が弱まると考えたのであろう。しかし、一連の組合つぶし（表向きは日産の労組が主導）に費やした労力は会社のためになったとは言い難い。合併前に嫌気が差してプリンスを辞める人が続出した。同業他社に移った人もいた。日産側の労組に移った元プリンスの労働者をも「日産嫌い」にした。プリンス側の労組に残って冷遇された人たちの中には養成工が数多く存在し、腕の立つ労働者が少なくなかった。日産側の組合員は、全金プリンスの人たちには話しかけないように厳命され、職場の管理者は全金に残った人たちに仕事をさせなかった。この状態が30年近くも続いたのだ。全金プリンスを壊滅させることを黙認した経営陣は、意図した結果ではなかったにせよ、組織を消耗・弱体化させ、職場を陰鬱な雰囲気にしたのである。

3. 経営環境の変化と職場秩序への影響

　経営者は管理制度を綿密に練り上げ、すべての組織構成員から「コミットメント」を引き出そうとしてきた。しかし、それがどれほど精巧であろうと、労働者は生き抜く「知恵」を編み出し、独自の空間を確保しようとしてきた。組織に具わるコントロール欲求や管理能力は企業によって異なるため、程度に差はあるが、職場空間は完全に会社側の意向で作り上げられてきたわけではない。職場の文化には、労働者から「やる気」を引き出す面もあるが、「やる気」をすべて吸い上げられないよう労働者に自重させる面もあり、構成員は両面を使い分けながら、独自の職場倫理を形成・共有し、職場秩序を保ってきたのである。中にはバランスを失う者もでて、「いじめ」や「過労死」といった病理的現象が起きることも

あったが、組織が安定的に成長した時代は、（今にして思い返すと）職場にはおしなべて余裕があり、変化も想定内であり、職場は一定の秩序を保っていた。

　ところが、ここに来て経営環境や雇用環境がドラスティックに変わり、職場環境に大きな変化がみられる。自動車産業に限らないが、グローバル規模の競争が激化し、消費者志向が強まり、大幅なコストカットが絶え間なく要請され、非正規雇用比率が高まり、労使関係は事実上なき物にされるケースが増えた。その結果、現場に下ろされる管理目標が厳しくなって達成がきつくなり、人の出入りが激しくなって職場は落ち着かず、現場を回していくだけでも困難な企業が出てきたのである。

　市場競争の激化・合理化圧力の強化に直面して、現場は総じて苦労している。ただし、職場の変化は一様ではない。トヨタを例に見ると、先述したように、現場は貪欲なコントロール欲求や高い管理能力を有し、それらを前提として職場を回してきたが、現状ではそこに無理がかかり、職場秩序に綻びが生じている。以下、トヨタおよびその下請企業の事例を中心に、職場を取り巻く環境の変化を確認した上で、職場秩序の変容についてみていく。

（1）経営環境の変化

1）グローバル競争の激化と絶え間ないコスト削減要請

　トヨタは半年ごとに下請企業から購入する部品の価格を見直してきた。要求する値下げ幅は、半年前比で最大1.5％である。それに加えて、2011（平成23）年10月から「円高協力」の名目でさらに1.5％の値下げを要請した。2012（平成24）年度下期（10月から翌年3月）、円高特別協力金分の単価切下げを取りやめ、14（平成26）年度から翌年度上期にかけて、量産車の部品取引価格の値下げ要求額を縮小したり、値下げ要求をやめたりした。しかし、単価の「切下げ率」を幾分か緩和しただけであり、単価の条件を緩くしたわけではない。また、大手下請企業はその恩恵を被ったが、三次、四次以下の中小企業にはその効果は行き渡らなかった。そして、単価を据え置くことにしたのもつかの間、2015（平成27）年度下期には値下げ要求を再開し、翌2016（平成28）年度下期、円高を理由に部品の単価下げ幅を拡大した。

トヨタは、通常の単価切下げに加え、時機を見て、不定期に大幅なコストカットを要求してきた。1994（平成6）年から三年間、円高緊急対策として原価低減計画を協力部品メーカーと進めた。国際競争力の再構築を目指して、部品メーカーと共同で部品ごとに生産技術、製造工程、物流を見直し、1996（平成8）年末までに部品価格を1993（平成5）年水準比で平均15％低減することを目標に設定した。とりわけヴィッツの開発には厳しい目標を定めた。従来の小型車であるスターレットとの比較で原価30％減を目指した。下請企業の必死の取り組みが実を結び、予定より1年3ヶ月ほど早く目標が達成された。すると、トヨタはすぐさま新規の合理化計画を打ち出した。さらに円高が進んだことを理由に、1995（平成7）年10月からさらなる原価低減を部品メーカーに求めたのである。

トヨタは、2000（平成12）年7月から三年間で約3割のコスト削減を企図して、新たな原価低減活動に着手した。「CCC21（Construction of Cost Competitiveness 21）」と呼ばれた活動である。既存の部品を元にしてクルマの品質や価格を決定するのではなく、先に「お客様」に提供するクルマの目標品質と目標価格を設定し、それらの達成を目指して、技術、生産技術／生産、調達、仕入先の四者が一体となって部品の機能、品質、コストを見直す。主要173品目のコストを三年間で30％削減する目標を掲げ、世界最安値を実現し、世界最高のコスト競争力をつけることを見据えた。

2005（平成17）年から三年間、コストを設計・開発段階からシステム単位（機能としてまとまりのある部品群）で見直すプロジェクトを立ち上げ、必要な機能をより少ない部品点数で満たす方法の開発を企てた。調達、開発、生産部門を参加させる全社的な活動として展開し、原価を見直すタイミングを車両の設計段階から構想段階に前倒しした。この新しい原価低減活動は、価値の革新を意味する「VI（バリュー・イノベーション）」と呼ばれ、「CCC21」に匹敵する成果（一兆円近い原価低減に成功）を目指した。2008（平成20）年までに自動車の製造コスト（人件費などを除く）を15％削減する方針を定めた。

トヨタは、2009（平成21）年12月、系列部品メーカーに対して部品価格を3割以上（一部の部品は4割）引き下げるように要請した。トヨタが一気に3割もの価格引き下げを求めるのは10年ぶりである。トヨタはこの活動を「RRCI」（良

品廉価、コスト、イノベーションの略）と名づけ、部品の製造コストに関して設計段階から精査して引き下げる方針を打ち出した。経済成長が著しい新興国向けに低価格車をつくっているが、部品価格が高いせいでライバルメーカーに後れをとっている、との理由で、大幅な価格の引き下げに踏み切ったのである。

2）大きな生産変動、国内生産比率の低下、取引の打ち切り

　トヨタの本体の現場や下請企業は、企業グループの競争力強化を目的に、コスト削減を絶え間なく要請されるようになった。しかし、合理化圧力はそれにとどまらない。取引先の中には取引の大幅減や打ち切りの危機にさらされる企業がでてきた。

　日産やホンダは8割前後、トヨタは半数以上、海外で自動車を生産している。それに伴い、現地の部品調達を増やし、国内の下請工場への注文を減らしている。1985（昭和60）年のプラザ合意以降、円高が常態化し、それへの対策として国内企業は現地生産を進め、トヨタもその流れに沿ったが、当初は、ノックダウン製法を採用するなど、現地化の度合いが低かった。近年、グローバル規模の競争激化に伴い、部品の「世界最適調達」が掲げられ、下請企業をとりまく経営環境は根本的に変わりつつある。下請企業の中にはトヨタなどの大手企業と一緒に海外に進出して生き残りを図る会社も少なくないが、進出先で取引が保証されているわけではない。

　加えて、トヨタはコスト削減を意図して「部品の共通化」を進めたため、小口の発注は減少傾向にある。バブル経済崩壊以降、製品の多様化と販売拡大を前提としないコスト削減を経営課題に位置づけ、部品の共通化によるコスト削減を目指した。生産量が回復・拡大してもこの戦略をとり続けており、小口生産の中小企業にとって厳しい経営環境が続いている。

　最近の事例を紹介すると、トヨタは、2012（平成24）年に部品を共通化する新たな開発方針・設計手法として「TNGA（トヨタ・ニュー・グローバル・アーキテクチャー）」を打ち出した。車の基礎部分である車台や部品を共通化させて生産効率を格段に向上させることを目指している。最終的にはトヨタが世界でつくる車の半分を共通部品でまかなうようにし、地域をまたいで部品を大量発注し

て原価低減を図る。TNGAは、2015（平成27）年末発売の新型プリウスから全面的に採用された。

トヨタは、アイシンやデンソーなどの一次サプライヤーに対して、「トヨタ系列以外の顧客を開拓して独り立ちせよ」と「脱純血主義」を訴え、量産効果を高めるよう指導し始めた。業界規模で部品の共通化が進めば、小口生産の中小企業はますます受注減や取引の打ち切りの危機にさらされる。

トヨタや大手取引先は、リーマンショックに端を発する業績悪化からの復調が早かった。2018（平成30）年3月期決算も好調である。しかし低次の下請企業は、総じて、大手企業に比べて景気後退の際には大打撃を受け、業績回復が遅い。

（2）職場秩序の弱体化と再強化

自動車産業を取り巻く経営環境が厳しくなり、トヨタは本体の現場と取引先に厳しい目標（コスト低減、品質向上、納期厳守）を課し続けている。それらを達成するには、各場は従来以上に従業員から「貢献」を引き出さなければならない。トヨタおよびその取引先は、管理能力を駆使してあらゆる職場から「コミットメント」を調達してきたが、労働者からさらなる身体的貢献、知識および感情（後工程を「お客様」とみなさせる）を引き出して、JIT-TQCの生産体制を支える必要性に迫られている。

しかし、とどまる気配のない合理化圧力に対して、「地道なカイゼン」で対処するにしても限界がある。また、安定した需要が見込めなくなり、経営者は、できるだけ固定費の比率を低くしたいと考えた。そこで非正規労働者（期間従業員、請負、派遣など）を多用し、労務費を即座にそして大幅に削減し、柔軟に調整するようになったのである。

ところが、ここで労務施策に矛盾が生じる。一方で、従来以上に「コミットメント」を従業員に求めるが、他方で、非正規雇用者を多用・混用し、従業員の「コミットメント」の低下を招いている。以前なら、この矛盾はオールトヨタに行き渡らせたコントロールする力で処理できた（覆い隠せた）が、矛盾が大きくなりすぎたため、以下にみるように、現場では解決しきれず、深刻な破綻が散見されるようになったのである。

1）「自発的」に動かない、言われたことしかやらない――生産システムの機能不全

　TPSの導入先は、JIT（必要なモノを必要な時に必要なだけ）の原理に則って生産を行う。管理部門が、生産量のバラツキをできるだけなくした上で（「平準化」）、各工程の継ぎ目にある「中間在庫」を最小限まで削り、生産のピーク時に要する人・モノ・生産設備を極力減らそうとする。しかし、それらの「ムダ」が極限まで削減されると、ラインの接続部などの「弱い部分」に「ムリ」がかかり、ラインがストップしやすくなる。その「弱点」を各現場でカイゼンすることにより、贅肉がそぎ落とされたという意味の〈リーンな〉ラインへと「進化」を遂げるのである。

　ところが、現場の実態をみると、ラインの「穴」はその都度ライン作業者がカイゼンによって埋めているわけではない。反復作業に忙殺されており、通常業務としてカイゼン活動に従事しているわけではない。かといって、放っておけば、ラインは滞ることになる。ライン外の作業者や管理者が対応するにしても時間がかかる。そこで、ライン作業者がちょっとした「機転」を利かして、ラインを止めないように努めてきたわけだ。

　例えば、自工程に届いてしかるべき組付用の部品や完成品用の空き箱が予定の時間に届きそうにないと分かると、先を見越して、運搬のサイクルを待たずに自分で前工程に部品を取りに行ったり、後工程の人に頼んで優先的に必要な空き箱を作ってもらったりする。このような「機転」は、職場の「暗黙のルール」であり、配属時に現場管理者からフォーマルに教えてもらうわけではない。

　ところが、期間従業員の中には、暗黙のルールに従わない者がいる。職場の「空気」を読もうとしない（読めない）からか、「余分な仕事」をしたくないからか、言われたことしかやらない者がいる。しかし、「最低限の仕事」しかやらなくても、逸脱行為を働かせているわけではないので、叱責の対象になるわけではない。ここに、職場運営上の難しさがある。周囲の正社員がカバーすることになるが、正社員比率が低くなると、それにも限界がでてくる。そうなるとトラブルが常態化し、職場全体が諦めムードになる。

2)「助け合い」が成り立ちにくい──過干渉と不仲、棲み分けと無関心

　トヨタは従業員どうしを「仲良く」させ、「助け合い」を促してきた。しかし、遅かれ早かれトヨタから出ていく期間従業員は、トヨタに対する思い入れが弱い。期間従業員にトヨタで働く理由を聞くと、ほとんどの人は「手っ取り早くお金を稼ぐため」と答えた。このような動機で働く期間従業員にとって、密な人間関係を強要するトヨタの管理は、時として煩わしく感じられ、かえって反発を招くことがある。

　トヨタの働き方を絶対視しがちな正規労働者と、それを相対化する傾向が強く、人によってはもともと人づきあいや規律が苦手な非正規労働者とが同じ空間を共有し、半ば強制的にコミュニケーションをとらされる。非正規労働者の増加により、トヨタの「一体化」の管理は、その意図に反して、トラブルを生む原因になっている。

　下請企業は、非正規雇用者の中でも契約社員、派遣社員、請負労働者、嘱託社員、パート社員などを使い分け、「外国人労働者」を活用する会社も多い。日系ブラジル人は有名であるが、中国、フィリピン、ベトナム他の「技能実習生」など、より「賃金」が安い外国人を用いるようになった─言うまでもないが、技能実習生は労働者ではない。トヨタ本体は、外国人の現場労働者を採用していない。下請企業は、もともと労働者を組織に統合させる力がトヨタほどには強くないこともあるが、非正規の中でも雇用形態が異なる労働者を混用するため、労働者間で「棲み分け」が生じやすい。トヨタのような「一体化」の強要に起因するトラブルは起きにくいが、そもそも「助け合い」が成り立ちにくいのである。

3）業績への影響──不具合の流出

　人の出入りが激しくなると、不良品を流しても「恥」とは感じず、ノルマを達成できなくても「大したこと」ではなくなる。加えて、非正規労働者の多用・混用が進むと、JIT体制下のノルマ達成に不可欠な「助け合い」が成り立ちにくくなる。トヨタで働いた時に感づき、その後に調査した下請企業でも見て取れた「現場の綻び」は、図らずも、リコール（回収・無償修理）の頻発という形で証明されることになった。

トヨタの大規模なリコールをいくつか挙げると、2005（平成17）年、ライトのスイッチ部品に不具合が生じて約127万台、2011（平成23）年、燃料漏れの恐れから約120万台、2012（平成24）年、ハンドルに不具合があり約152万台が、リコールの対象になった。これらは、一度のリコールとしては日本の自動車産業で最大規模である。2014（平成26）年には主力製品のプリウスが一車種では過去最多の約99万台、リコールの対象になった。高品質が売りのレクサスもリコールの対象から逃れられていない。トヨタの取引先でも不具合流出が多発する。東海理化のパワーウィンドーのスイッチ（リコール台数は、2012（平成24）年に約743万台、2015（平成27）年に約650万台）の大規模リコールは記憶に新しい。自動車のリコール届出数は近年急増している。2015（平成27）年度は前年度比倍増し19百万台に達し、翌年度も約16百万台と、二年連続で一千万台を超えている。2017（平成29）年度は、対象台数は半減したが、届出件数は高止まりしている。

　大規模リコールの多発は、非正規労働者の増加だけが原因ではない。開発期間の短縮化も一因と考えられ、製造部品の設計にも問題があるだろう。また、多車種の部品共有、三菱のリコール隠し、トヨタの米国におけるブレーキ急加速問題、フォルクスワーゲンによる排ガス規制逃れの不正などの影響も無視できない。共有する部品が多いほどトラブルが発生した時の「被害」は大きくなるし、「初動」を誤って大事に至った諸事例は、早めに公表する教訓になっている。しかし、かつてのトヨタやその取引先なら考えられないような単純なミスが現場で発生していることは確かであり、筆者の実態調査からいえば、非正規労働者の多用や異なる雇用形態の混用がその一因であることは否定できない。

　なお、同じように厳しい合理化圧力にさらされても、現場の反応は一律ではない。製造業の現場検査の不正が世間を賑わせているが、日産の無資格検査は、今とりあげたトヨタの事例とは事情が異なる。現場からすれば、完成検査員の数が不足しており、無資格の者が検査しても品質に問題がなければ構わない、と思ったのかもしれない。「無理な注文」や「無意味な制度」に対する「現場の自衛」と捉えられなくもないが、いずれにせよ、筆者が先に示したように日産はトヨタに比べると管理の浸透という点では劣るため、現場の不正が見過ごされてきたと

しても不思議ではない。今に始まった話ではないことがその証左である。トヨタではこのような「組織ぐるみの不正」は起きにくいだろう。なぜなら、可視化が徹底されているため、現場の管理者は、現場に押しつけられた「無理な要請」に対してインフォーマルなやり方で対処するのではなく、カイゼンによって解決しようとするからである。トヨタの場合は、強い管理力を行使してライン内の「品質のつくり込み」を追求してきたが、そこが揺らぐことにより——管理対象の労働者だけでなく、以下に見るように、管理する側にも原因がある——、不良が流出したものと思われる。

4）管理負担の増大——管理者になりたがらない

　人の出入りが激しくなり、労働者構成の複雑化が進んだため、職場の維持が困難になった。それでなくても、団塊の世代が大量退社し、職制が海外工場に派遣され、現場の「求心力」は弱まる傾向にある。このような状況にもかかわらず、従前通りに現場をコントロールしようとすれば、現場の職制やリーダーに過重な負担がかかることは必定である。

　2002（平成14）年にトヨタのエキスパート（班長クラス）の資格にあった労働者（当時30歳）が勤務中に倒れて、そのまま亡くなった。当初、豊田労働基準監督署は、業務上の災害と認定しなかったが、残された妻が裁判で争い、2007（平成19）年11月、名古屋地裁は、過重な仕事による過労死として認める判決を下した。この裁判では、「自主的活動」を仕事とみなすかどうかが争点になった。地裁は「自主的活動」も実質的には仕事であるとみなし、彼が亡くなる直前1ヵ月間の残業時間を106時間45分と算出した。筆者の参与観察先の職場リーダーも、QCサークルの準備や作業手順書の作成などに忙殺されており、この過労死事件を個人的な事情として片づけることはできない。これまでの労働研究は、管理者の負担にはほとんど目を向けてこなかったが、ライン労働者だけでなく管理する側も、過酷な状況に追い込まれており、そしてここにも、強い管理力を前提とした職場運営に綻びがみられる。

　現場の人たちは、こうした変化に敏感である。現場管理者になれば、単調で高密度のライン作業からは逃れられるものの、煩瑣な管理業務に追われる。「ほど

よいところ」でとどまっていた方が、管理責任を負わなくてすむ。「出世に伴うコスト」を高く見積もるようになり、是が非でも出世を目指すという働き方・生き方が相対化されるようになった。

5）「下」に行くほど抱え込まされる「無理」

　もちろん、管理能力が高いトヨタが現場の深刻な事態に気づかないわけがない。魅力ある管理職に向けて社員から聞き取り調査を行ったり、期間従業員の正社員への登用数を増やしたり、チーム・リーダー制を復活して職場の統合力を再強化したり、定年退職者の再雇用比率を高めて技能伝承に努めたり、過労死事件の後に残業時間を厳密に管理するようにしたり、コミュニケーションの再徹底を全社規模で重要課題に位置づけたりと、様々な手を打ってきた。

　しかし、現場の弱体化は、総体的にみて、取引構造の「下」に行くほど深刻であり、再強化する力も弱い。そもそも中小企業が非正規雇用の中でも請負や派遣など間接雇用を選択してきた理由は、労務コストや管理コストが安くすむからである。したがって、トヨタのようにコストや労力がかかる施策をとることは難しいが、かといってこの状態を放置するわけにはいかない。そうなると、どこかで「無理」をせざるを得なくなる。その一つが「偽装請負」というわけだ。

　会社経営者は、請負業者と契約を結べば、請負業者に仕事を丸投げすることができるが、労働者に対しては指揮命令権がないため、直に指示を出すことはできない。先述したように、TPSを維持するには、ライン作業者からも「コミットメント」を引き出すことが不可欠であり、そのためには、現場レベルの細かな対応が欠かせない。直接雇用であれば、その問題はクリアされる。現にトヨタ本体は、請負の活用には消極的であり、直接雇用である期間従業員を主たる非正規労働者として活用してきた。しかし、直接雇用には、管理コストが高いという別の問題がある。そこで、両方の問題を解決するために画策されたのが、製造業への「派遣の解禁」である。派遣社員は派遣会社と雇用関係を結ぶが、指揮命令権は派遣先の会社にあり、活用する側からすれば、労務管理のコストをできるだけかけずして、労働者を密にそして柔軟に管理することができる。工場側にとって、派遣労働者の活用は上二つの雇用形態の「良いところ取り」といえよう。ただし、こ

108 特集 〈自律的〉労働を問う

の雇用形態にも問題がないわけではない。派遣社員を活用した場合、同一職場の派遣期間の上限は三年であり、この期間が過ぎると派遣先の企業は労働者に対して直接雇用を申し入れる義務が発生する。つまり、長期間、同じ職場で同一人物を活用することができないわけだ。これは、労働者に「コミットメント」を求める現場にとって不都合である。この点に関していえば、活用期間を気にする必要のない請負制度は、工場運営者にとって魅力的である。ここに、請負という雇用形態を採用しておきながら、実質的には派遣社員として働かせる、「偽装請負」が横行する温床があるのだ。

経営側からすれば、管理コストは下げたいが、管理力は保持したい。いつでもクビを切れる状態にしておきたいが、でるきだけ長く勤めて職場運営にコミットしてもらいたい。それは「無理な注文」というものだが、その無理な要望が現場に押しつけられ、違法行為がはびこる事態になっているのである。

6) 新しい「現場主義」──新自由主義との親和性が高い経営イデオロギー

誤解のないように付言すると、トヨタは下請企業の違法な慣行を許しているわけではないし、ましてや強要しているわけではない。下請企業に対して非正規比率を抑えるように指導し、「ムリなく」作れるようにカイゼンを要求してきた。しかし、その「正論」が、下請企業を困らせるのだ。下請け企業は、コスト的にも能力的にも正論通りにはやれないから違法行為をしでかすのであり、トヨタのいう通りにできるのであれば、やっているであろう。カイゼンの仕組みは、その背後に権力関係が控えており、純技術的な管理手法ではない。しかし、表向きは合理的であり、テクニカルな手法であるため、単価切下げなどの厳しい「目標」に対して反論の余地を与えない。下請企業の経営者は、無理な要請であっても受け入れるほかなく、解決をそれぞれの現場に求める。かくして、取引や管理の構造的な問題は不問にされ、無理な課題の達成は下へ下へと押しつけられることになる。

「現場主義」とは、いわゆる「日本的経営」の文脈で用いられてきた。雇用を保障された労働者は、組織コミットメントを高め、現場から自発的にカイゼンを施すと。そもそもそのような労働者像には疑問符がつくが、いずれにせよ現状で

は、新自由主義と親和的な文脈で用いられるようになった。現場は厳しい「目標」を押しつけられ、カイゼンにより「目標」を達成するよう促され、それも限界に達したため「トラブル」を抱えるようになり、その「トラブル」の解決や「トラブル」の回避（＝「リスクマネジメント」）すらも迫られている。「責任感」の植え付けや「倫理教育」でどうにかなる状態ではないが、それでもどうにかしようとする健気な現場ほど、自壊が進んでいるのである。

おわりに

　労働現場における「自律性」とは、経営システム・管理制度を介して一方的に生み出されてきたわけではない。場を通して構成員が自ら作りだし、共有し、伝承してきたものでもある。労働者は各場に固有の秩序（働きやすさ・居心地）を作り変えつつ、その維持に一役買ってきた。ところが昨今、現場の事情を無視して雇用の非正規率を高めたり、「改革」を強行したりする組織体が多く見受けられ、現場では無理が生じている。そして、このような無理強いによって職場秩序が弱体化・混乱しているにもかかわらず、それらの回避や回復に対する「責任」も、現場に押し付けられている。いわゆる「現場主義」とは、日本人や日本企業に本質的に備わった特徴ではない。時代状況に応じて使い分けられてきたのであり、現在は、新自由主義と親和的な経営イデオロギーとして機能しているのである。

　本発表は、労働現場における「自律性」の発揮の仕方が今後の働き方にどのように結びつくのか、その展望は示せなかった。働く場は完結して存在しているわけではないし、労働者は働く場に閉じこもっているわけでもない。「自律性」の発揮と職場環境の変化・改善については、別途、検討することにしたい。

〔参考文献〕
伊原亮司（2015）『私たちはどのように働かされるのか』こぶし書房。
――――（2016）『トヨタと日産にみる〈場〉に生きる力―労働現場の比較分析』桜井書店。
――――（2017）『ムダのカイゼン、カイゼンのムダ―トヨタ生産システムの〈浸透〉と現代社会の〈変容〉』こぶし書房。

110　特集　〈自律的〉労働を問う

─────（近日刊行予定）『日産全金プリンス労組の軌跡─少数派として働き闘った人たち（仮タイトル）』桜井書店。

書　評

1　坂幸夫著
　　『外国人単純技能労働者の受け入れと実態』　　　惠羅さとみ

2　柴田徹平著
　　『建設業一人親方と不安定就労
　　　　──労働者化する一人親方とその背景──』　　金子　満活

3　藤岡伸明著
　　『若者ノンエリート層と雇用・労働システムの
　　　国際化──オーストラリアのワーキングホリデー制度を
　　　利用する日本の若者のエスノグラフィー──』　　宮本みち子

4　本田一成著
　　『チェーンストアの労使関係
　　　　──日本最大の労働組合を築いた Z モデルの探求──』　　呉　　学殊

5　渡辺拓也著
　　『飯場へ──暮らしと仕事を記録する──』　　　　大西　祥惠

6　松永伸太朗著
　　『アニメーターの社会学──職業規範と労働問題──』　　浅川　和幸

―― 日本労働社会学会年報第29号〔2018年〕――

坂幸夫著
『外国人単純技能労働者の受け入れと実態』
（東信堂、2016年、A5版、120頁、定価1,500円＋税）

惠羅さとみ
(成蹊大学)

　現在、日本は外国人労働者受け入れをめぐって大きな政策的転換点にある。2018年6月、政府はいわゆる骨太方針の中で、「移民政策とは異なる」と断わりを入れつつも、最長10年の外国人技能労働者の受け入れを可能とする、就労を目的とした新資格の創設を明記している。これまで日本政府の基本的な立場は、専門的技術的分野では受け入れを積極的に推進し、それ以外の分野では原則的に受け入れないとしつつも、技能実習生や留学生という形で広範な業種における就労を実質的に認めるというものであった。また、身分に基づく滞在資格により1990年代以降に拡大した日系人が、請負業の下で製造業を支えてきた実態がある。そのような、本音と建て前を使い分ける既存の枠組みが今日の限界点に至るまでには、これまで様々な矛盾が生じてきたし、また制度の歪みの下で、その調整がなされてきたといえる。

　本書が中心的に扱う外国人技能実習制度も、2009年の入管法改正における「技能実習」カテゴリーの新設による労働者としての地位規定、2016年の技能実習法による監理強化など、段階的な制度変容を経験してきた。制度設立から25年間におよぶ研修・実習生の量的な拡大や対象職種の大幅な増加、そしてリーマンショック後の景気後退期における日系人の減少などを背景に、この間、技能実習生の存在が日本の生産現場においてウェイトを増してきたことは事実である。技能実習制度のあり様は将来的な政策形成にも強く影響を及ぼしている。ゆえに移民政策の将来を見越して、ここ数年、外国人技能実習制度をめぐる調査研究は顕著に活発化し、多様な業種や地域を事例に実証研究が蓄積されつつあり、本著の刊行も、その流れの一部として捉えることができる。

本書は、2007年から2014年にかけて実施された多面的な実証調査を通じて、既存制度が持つ課題を考察したものである。本書の特徴として、以下の2点を挙げたい。第一に、2007年以降のリーマンショックによる景気後退や2011年の東日本大震災などが外国人労働者受け入れに及ぼす影響に着目し、それを富山県、茨城県、宮城県などの事例を用いて、地方や地域の問題として考察している点である。第二に、送り出し側が中国から他の東南アジア諸国に移り変わりはじめる、まさにその転換点を捉えている点である。評者は、最近のベトナムからの送り出し/受け入れの拡大に焦点を当て、外国人技能実習制度の調査研究を実施してきたが、現在に至るまでの地方の状況や中国の状況については詳しくなく、その意味で、本書における発見点から改めて学ぶところがあった。その一方で、本書は著者が既に発表した論稿3本と、書下ろし3本を合わせて収録したものにとどまり、各章は調査結果の記述的論旨に終始しているのではないかという印象を受けた。特に、著書全体としての問いと考察枠組みが明確にされていない点－例えば著者の専門である労働経済の観点からの理論的な示唆の不在——、まとめにおいて各章相互の考察が深められていない点、政策提言としても中途半端な記述にとどまっている点について、評者としては非常に残念に感じた。以下では、内容を概観しながら、評者の感じた疑問点や発見点について述べたい。

　本書の構成は、全6章からなる。第1章「居住外国人労働者の経済への波及効果――富山県を中心に――」、および第2章「外国人労働者の地域活動に関わる諸問題」は、富山県観光・地域振興局からの依頼を受けて2008年に著者が実施したアンケート調査結果に基づいている。第1章の経済波及効果の分析においては、日系ブラジル人と中国人研修・実習生の比較に基づき、それぞれのカテゴリーにおける家計収支、消費行動、産業連関表を用いた波及効果の推計が明らかにされている。ブラジル人は定住化傾向を示す一方で、出稼ぎ労働者的要素を維持し送金や貯金により消費を抑制しているために、過大な経済的波及効果を期待することは出来ず、一方でウェイトを増している中国人研修・実習生の経済効果はゼロに等しいことが明らかにされている。この調査が実施された2008年代後半以降、製造業の落ち込みはブラジル人の失業を引き起こし、地域的移動や帰国を活発化したために、宛先不明の調査票返送がかなりの数に上ったという。それらの背景

もあわせて、拡大していく中国人研修・実習生を含め、共生の視点を一つの仕組みとして新たに織り込んでいくことが政策的提言として出されている。また第2章の地域活動については、総じて、単発的な地域活動への参加が中心であって、自治体・町内会への加入は少ないことが明らかにされている。

第3章「中国人技能研修・実習生の日本在留と離脱」は、上記の調査から数年後に実施された富山県における受け入れ団体（協同組合）調査および、2011年東日本大震災後に中国に帰国した元研修・実習生への面接調査結果に基づくものである。富山県では、2007年の時点で既にブラジル人の数を中国研修・実習生の数が上回っている。その背景として、全国的に受け入れが拡大する第一次産業に従事する技能研修・実習生が少なく、8割が製造業に従事していること、ブラジル人が解雇されやすいのに比べ、研修・実習生は基本的に解雇することが難しい点が指摘されている。本章では、在留と離脱という側面から中国人研修・実習生の特徴をまとめており、一つ目に、定住化ではなく、一時帰国後の技術者としての再入国事例が見られること、その場合、本来の職務に加えて技能実習生の指導に当たること、二つ目に、震災時に帰国した研修・実習生の再入国特例おいては地域と業種が影響を与えているという点が、発見点として興味深かった。

第4章「外国人実習制度の動向」は、2012年の中国送り出し機関調査、2013年のインドネシア調査、2014年のベトナム送り出し機関調査の結果に基づくものである。中国からの送り出しが減少するなか、今後は東南アジアに広がっていくであろう制度の動向について端的に述べられている。特に、中国の送り出し機関の将来展望や生き残り戦略として、別事業としての派遣業の重点化、ベトナム送り出し機関に対する制度教育と東南アジア進出の試みという点は、制度の越境的移転という新たな側面として関心を抱いた。また、著者は中国とインドネシア・ベトナムの違いとして、研修・実習生の持つ技能が異なること、また人材獲得の国際競争の激化についても指摘している。これは次章の仕事内容と併せて、今後の大きな論点の一つであろう。

第5章「中国人技能実習生の仕事（旋盤工の話）」は、2014年に実施された送り出し機関訓練校および日本の受入れ企業へのヒアリング調査結果に基づくものである。そもそも本著はそのタイトルに「外国人単純技能労働者」という用語を

使用しているが、「単純」「技能」を並列すること自体、矛盾を含む表現であろうと感じる。敢えてその言葉を使ったことで、特に、この章において描かれる中国人の技能の多様さや多品種少量生産現場における技能への依存との関わりについて印象づけられ、中国から他の東南アジア諸国への送り出し地域の移動の持つ意味や課題についても考えさせられた。

　第6章「近年の技能実習生の動向——中国人の離脱・停滞と東南アジア人の増加」は、あらためて上記の地域的な制度の拡大についてまとめたものであり、中国の送り出し機関のヒアリング調査の再整理に加えて、インドネシアからの実習生の宗教的文化的特徴、ベトナム実習生の帰国後の日系企業への進路希望、送り出し地域の産業構造、中国とベトナムの関係などについて指摘されている。著者が本著において繰り返し指摘するのは、技能実習生はあくまでも「ローテーションに従って働く労働者と見なされている」（93頁）という点であり、著者は、この制度を労働者の時間的、空間的な自由を奪うものとして好ましくないと評価している。また、この現状を変え、定住化を促進するには、思い切った政策変更の必要性があることも示唆している。一方で、企業側からすれば、あくまでも出稼ぎ労働者であることを前提にして雇い入れいること、「彼ら、彼女らが働く労働市場を維持・活性化させるためにも5〜6年が限度であろう」（同上）こと、それにも関わらず、いくつかの業種では実態として技能実習生がその根幹部分を支えている事実について検討を促している。評者としては、「おわりに」で言及された、零細企業における労働条件、また非正規労働の問題との関わりにおいて、将来的な外国人労働者の拡大が技能実習制度の枠組みの下で進んでいくことの持つ意味について、引き続き労働経済学からの分析がなされることを期待したい。

　中心的な論旨については以上であるが、「はじめに」の部分および本文中にも挿入されている、東京でのオリンピック需要に引き付けられ地方の技能実習生が斡旋業者の仲介で違法就労に促されているという指摘については、裏付けのあるデータや引用元が明記されておらず、より内実を知りたいという感想を抱いた。将来的な外国人労働者受け入れの拡大においては、制度的逸脱やインフォーマル領域の増大、それにともなう人権問題や保護規制、地域社会への包摂や運動面の活性化も、共生という観点からは論点となっていくだろう。

アジアにおける人の移動の越境化が活発化し、地域間の相互依存関係と制度的連携が強まる中で、一国内あるいは二国間を超えた空間的領域への視野が求められている。同時に、日本国内においても、高齢化と人口減少の中で、移民をめぐる本格的な議論が必要とされている。急速に変容する社会について実証的な事例研究を積み重ね、素早く知見を共有することの意義は大きい。

―――――――― 日本労働社会学会年報第29号〔2018年〕―

柴田徹平著

『建設業一人親方と不安定就労

――労働者化する一人親方とその背景――』

（東信堂、2017年、A5版、224頁、定価3,600円＋税）

金子　満活
（関東学院大学）

建設業は日本の国内総生産（GDP）の6.1%（日本建設業連合会調査2016年現在）占める重要な産業ではあるものの、5K職場（きつい・汚い・危険・給料安い・休日少ない）といわれ建設業に従事する人々500万人（国土交通省調査2015年現在）のうち、55歳以上が169万人、29歳以下が54万人と若者の建設業従事者が少なく高齢化に歯止めがかからない状況である。この書はこれらのうち自らは職人を雇用せず自分ひとりで建設工事を受注する一人親方（とりわけ町場の大工）が低賃金・長時間労働に従事している現状と仕事の繁閑に振り回されることで不安定就労に悩まされ貧困と背中合わせで生きる彼らの生活実態について調査したものである。この書で特筆すべきは、建設業における町場（まちば－個人の木造住宅の建築工事を担当する業者）、野丁場（のちょうば－鉄骨もしくはコンクリート構造の大規模建築工事などを担当する業者）、新丁場（しんちょうば－住宅メーカーの軽量鉄骨造のプレハブ住宅の建設に携わる業者）と丁場（ちょうば）別に分類され、とりわけ町場の一人親方に焦点を絞っていることである。なぜ、この丁場別分類が必要かと言うと町場の建設業者は現場の規模も使用する材料も技術も異なる野丁場には進出できないし、逆に野丁場は町場の仕事には手を出さない（一つひとつの現場の規模が小さく採算が合わないのと、お互いのテリトリーを守るという意味で）不文律が存在するからである。逆に町場は新丁場をライバル視する傾向があるといえる。なぜなら、前述したように町場は木材を使用して住宅を建設するのに対し、新丁場は軽量鉄骨を使用して住宅を建設するという使用材料の差異だけで建設するための技術は共通する部分が多いので、町場から新丁場にシフトすることはさほど難しくはないといえるが、町場も新丁場も

書評：建設業一人親方と不安定就労　119

同じ個人の住宅を手がけることから顧客の奪い合いが発生し価格競争に陥ってしまう事すらある。建設業は受注産業であるので価格競争の行く末は実際に現場で仕事をする業者の「低価格請負」を促進することになる。また、特定の元請（町場の工務店など）一社だけの取引では仕事に繁閑が出て不安定就労の原因ともなるので、実際に町場の仕事がないときには新丁場の仕事をやるという業者も少なからず存在する。

　建設業者はこのような形で棲み分けが確立しており、この丁場別分類ができていないとそれぞれの丁場が持つ特殊な事情（たとえば野丁場などはゼネコンを頂点とした重層下請構造が確立しており、下請次数が下になればなるほど同じ仕事でも受注価格が低減するといった具合に）を見いだせなくなってしまうので注意が必要といえよう。

　また、本書における特筆できる第二の点は、個人情報保護が叫ばれる昨今において全国建設労働組合総連合東京都連合会（都連）の行った『賃金調査』の個票データと神奈川土建一般労働組合および横浜建設一般労働組合の協力のもとに行った聞き取り調査である『一人親方調査』の個人データを入手してそれらを駆使して一人親方の不安定就労性を論じている点である。個票データや一人親方調査の調査票はまさに「個人情報」そのものであるため研究者がいきなり一人親方のところへ出かけていってもまず調査協力などしてもらえないし、話すら聞かせてもらえない。やはり前出の個人加盟の労働組合の後押しがなければ建設業者（一人親方）の調査は難しいといえる。とりわけ野丁場ではこの傾向が強い。なぜなら、野丁場の場合、建設現場に出入りする下請業者の名簿は元請のゼネコンが管理しているため名簿を見せてもらえないのと現場の機密保持の観点から現場の施主上層部（施主が個人の場合その本人、施主が法人の場合は役員クラス）とのコネクションがなければ現場調査は非常に困難といえる。

　さて、ここまで本書の良い点を述べてきたが、批判すべく点も存在する。と言うのは、一人親方だけが仕事の繁閑と低賃金によって貧困化し不安定就労を強いられているような著述が散見されるが、仕事の繁閑や低賃金、加えて長時間労働というのは何も一人親方だけの問題ではなく、元請（野丁場でいう「ゼネコン」、新丁場でいう「住宅メーカー」を含む）から仕事を請け負って工事をおこなう

「下請専門工事業者（以下、下請）」にも同様のことがいえるのである。バブル経済の崩壊、リーマンショックと二度の経済不況によって元請から下請に対する工事発注価格が減少し下請の得られる利益も少なくなり（ただし、元請側はきちんと利益を確保したうえで、すべての下請に支払う総工事費用（これを実行予算という）を減額するのである）、職人に支払う給料以外に会社経費（職人の健康保険料の使用者折半分や工事用車両の維持費等）も得られなければ会社を経営していくことができないためおのずから下請で働く職人の給料も減額せざるを得ないのである。また、本文中に週休二日制の導入の遅れが指摘されているが、これにはカラクリがあって建設業界では昔から昼食時の一時間の休憩の他に午前十時頃と午後三時頃に十五分程度の小休憩があるため一日あたりの休憩時間は一時間三十分で、これを実働時間の八時間から差し引くと実際の実働は六時間三十分となる。このことから月曜日から土曜日まで働いても実働三十九時間となるため週四十時間の法的規制もクリアできるので、週休二日制が導入されない根拠（注、元請側の言い分）ともなっている。つまるところ、建設労働における低賃金や不安定就労の問題を一人親方の問題として集約してしまうのではなく、町場、野丁場、新丁場すべての建設労働者に共通する問題として考えていく必要があろう。

　話が前後するが、本書の本文中に「1970（昭和45）年以降に野丁場において労働者の外注化が進んだ」との記述があり、この時期に野丁場が発生したとも読み取れる部分があるが、野丁場の発生の時期はもっと古く、明治時代にさかのぼる。1879（明治12）年、当時の本格的建築家教育機関であった工部大学校造家学科（ぞうかがっか）は、西洋建築に習熟した4人の第一期卒業生を社会に輩出したのであるが、その4人とは、辰野金吾（たつのきんご）、片山東熊（かたやまとうくま）、曽禰達蔵（そねたつぞう）、佐立七次郎（さたちしちじろう）であった。彼らによって多くの西洋建築が日本に導入され、ヨーロッパ調のレンガ造りや鉄骨造の建築物が造られたのであるが、従来の木造建築工事の技術も使用材料も異なる建築物であったため町場の棟梁らを引き抜く形で彼らに新しい建築技術を伝授、棟梁であった彼らを下請（「外注」ともいう）とする現在の野丁場の原型が形成された。しかし当時はまだ町場の大工の棟梁の力が強く、引き抜かれた棟梁たちは「町場くずれ」と呼ばれ侮べつされたものの、約130年後には野

丁場の建築技術が町場のそれを追い抜いたのは言うまでもない。

このような歴史的経緯から野丁場ではゼネコンが元請で仕事はすべての下請に発注される「外注化」がされたのであるが、1970年以前は建設業が暴力団等の反社会的勢力の資金源となっていたことから、これを排除するため1970年に建設業法が改正され建設業の開設に際しこれまでの届出制から業種別許可制となったことで不適格業者の排除がなされた。しかし、第二次世界大戦後の建設業の歴史を振り返ってみても建設業（以下、業界）を指導監督する行政機関である建設省（現、国土交通省以下、国交省）が創設されたのは1948（昭和23）年のことであったことからみても業界に対する行政指導が後追いになってしまったことは否めないといえる（戦前は建設業者に対して指導監督をおこなう行政機関が存在しなかった）。また、さらに問題なのが、業界を指導監督する行政機関が国交省と労働省（現、厚生労働省以下、厚労省）の2つが所管しており、この書で問題にしている業界における低賃金・低所得といった建設労働法制に関わる内容については厚労省の所管となっていて縦割り行政と揶揄（やゆ）される日本の行政機構において一つの業界を二つの行政機関が指導監督するという特殊性ゆえ、国交省が厚労省のテリトリーである労働や賃金といった部分にまで踏み込んで指導できないし、逆に厚労省が労働や賃金以外の、たとえば、業界全体に対しての法律による処遇改善といった部分では国交省のテリトリーになり、厚労省は手を出すことができない。こういった指導監督に対する棲み分けが結果的に行政指導力を弱め業界全体が野放図になってしまうといえる。

また、この書では建設業に携わる一人親方の貧困化へのプロセスが詳細に描かれているが一人親方を含め業界で働く人々にとって未解決の大きな課題の存在が記述されていないのがもう一つの残念な点である。それは「建設労働者福祉」の問題である。業界には昔から「怪我（けが）と弁当自分（てめえ）持ち」ということわざがあるが、これが今なお続いているのである。確かに、行政指導の形で一人でも建設労働者を雇用する事業所の「社会保険加入の義務化」や「週40時間労働、週休二日制の徹底」、「労働者災害保険（労災）の加入の義務化（一人親方や建設事業所の事業主は労働基準法に規定する労働者ではないため通常の労災には加入できないので、「労働災害保険特別加入」という制度を利用して加入す

る）」等が推し進められてはきたが、どれをとっても完全に遵守（じゅんしゅ）されていないのが実状といえる。紙面の関係上これらすべての説明は省くが、労災についてのみ述べると、労災は事業所単位の加入であるため、特別加入であっても自社の作業場以外の場所で怪我をしても労災は適用にならない。建設業の場合、建設現場に出向いて作業をおこなう「出張作業」であるため、万一出向いた建設現場で怪我をした場合は現場がかけている労災の適用を受けるべきであるが、死亡事故を除いて現場の労災は使わせてもらえないことが多い。使わせれば労働基準監督署（以下、労基署）から「（労災発生）要注意作業場」としてマークされ、抜き打ちで臨検と呼ばれる特別査察を受けるようになる（場合によってはその元請が管理するすべての現場が要注意作業場として労基署の監督下に置かれることもある）など現場全体の作業の進行に影響が出るからである。労災を使わせないという行為自体「労災隠し」と呼ばれる重大な法律違反なのだが、下請は元請から仕事をもらっているという立場の弱さから「泣き寝入り」せざるを得ないといえる。

　建設労働において一人親方や他の下請の貧困化を防止するに社会保障のセーフティーネットが必須であるといえる。これは建設労働が仕事の繁閑によって不安定就労にならざるを得ないからである。数年前私が霞が関の厚労省の本省に出向き建設労働者を対象とした社会保障制度制定の有無についてヒアリングをおこなったが同省の見解は（建設労働者）の社会保障は社会保険、失業、労災といったものを他業種も含めて制定しているので、これ以上のものは必要ないし制定するつもりもないという回答であった。監督官庁からして建設労働の実態把握に及び腰ではセーフティーネットの構築はまだまだ先の話といえよう。

日本労働社会学会年報第29号〔2018年〕

藤岡伸明著
『若者ノンエリート層と雇用・労働システムの国際化
—オーストラリアのワーキングホリデー制度を利用する日本の若者のエスノグラフィー—』
（福村出版、2017年、A5版、496頁、定価7,500円＋税）

宮本みち子
（放送大学）

　"失われた20年" に、閉塞状況に追い込まれる若者が急増した。これらの若者たちはどのようにして事態に対処／打開しようとしているのだろうか。本書は、ワーキングホリデーを利用してオーストラリアに渡った若者たちを対象に、このような疑問を解明しようとしている。

　著者の着眼点は2つある。1つは、閉塞状態に陥った若者の打開策・対処策のひとつとして海外渡航が選択されている点、2つは、渡航する若者の一部が海外進出する日本企業に必要な労働力となり、国境横断的な雇用・労働システムに組み込まれている点である。この2点は相互に密接に関係している。

　著者は、この研究において2000年代に展開した日本の若者研究が国内に限定され、海外で働く若者をほぼ完全に無視するという「内向き」状態に陥っていると批判し、その弱点を埋めるものと位置付けている。加えて、日本人の国際移動に関する研究が、雇用・労働に関わる問題を軽視しがちである点を批判し、「閉塞状況への打開策・対処策としての若者の海外長期滞在」と「日本企業の海外進出に必要な日本人労働者を確保するための国際横断的な雇用・労働システム」に対して総体的にアプローチしようとしている。

　本書は3部で構成されている。第Ⅰ部はワーキングホリデー制度の理念、運用、利用者の概要である。WH制度は、欧州諸国に普及していた若者の長期旅行という伝統的慣習を現代に引き継いだものであったが、豪州に関しては、1990年代以降に性格を著しく変容させた。観光・留学関連産業の振興と農業労働力の確保という産業・労働政策的な運用のもとで形骸化したという。一方、戦後の日本社会は海外長期旅行（海外長期滞在）とは相いれない制度や規範を強化した結果、

エリート層はWH制度に関心を示さない傾向が続き、この制度を利用するのはノンエリート層とくに若年中位層であり、特に女性が中心だと筆者はおさえている。

　第2部は渡航した若者の実態を分析する。その方法として、WH渡航者84名のインタビューを行い、彼らのライフヒストリー（とくに渡航動機と渡航までの経緯）と就業状況に基づいて、①キャリアトレーニング型、②キャリアブレーク型、③キャリアリセット型の3類型に分けて分析している。その結果第一に、WH渡航者は一定のパターンを有する構造化された移動であり、この国際移動はプッシュ要因、プル要因、媒介要因によって強力に方向づけられていること、第二に、渡航者の移動と滞在のパターンを分化させる主要な要因は階層であることがわかった。キャリアトレーニング型は、旅行代理店、語学学校、調理師、日本語教師などキャリアの国際化が一定の規模で進行した職種の若者である。キャリアブレーク型は、海外を安全なキャリアの休憩所として利用できるIT技術者、看護師、自営業後継者などである。これらに対して6割を占めるキャリアリセット型は安定した職歴や資格がなく、いくら強く望んでもキャリアトレーニング型やキャリアブレーク型の移動・滞在パターンを踏襲することができない若者たちであり、そこに明らかに階層（主に職業）の壁が存在するという。第三に、豪州WH制度は日本における就業環境の悪化を原因（一因）とする閉塞状況に対する若者の打開策・対処策のひとつであり、若年中位層に特有なものだという。

　第3部は、WH渡航者が日本企業の海外進出に必要な日本人労働者を確保するための国境横断的な雇用・労働システムに組込まれていることを明らかにしている。先に述べたような業界の事情は、英語が不得意かつ短期の労働につきたい若者の利害にフィットしている。その実態を把握するために著者は、日本人向け観光会社および日本食レストランで働くWH渡航者へのインタビューを実施し、WH渡航者が豪州の日系商業・サービス産業で果たしている役割と、WH渡航者が日系商業・サービス産業で働くことによって得ているものを明らかにしている。

　興味深いのは、WH渡航者が働く職場は賃金その他の待遇や労働環境の点で問題が少なくないにもかかわらず、若者たちのなかでその経験を否定的に自己評価する者が少なかった点である。その理由を著者は2点にまとめている。①資金、無料の食事、住居、ビザの確保などの「結果」によって、仕事に対する不満や諦

念といった否定的な感情を相殺していること、②個人的・集団的な実践を通じて仕事に対する満足感を高めたり、就業経験に対して肯定的な「意味」を付与したりしている。特に興味深いのは、労働による報酬とは別の「（ささやかな）成功体験……ささやかな充足感、達成感、成長実感など」「（ささやかな）成功談……成功体験に関する個別的・具体的なエピソードと、個別的エピソードの総体としての物語」の獲得による自己効力感の強化という心理的報酬を得ている可能性が高いことである。日本における閉塞状況の中で自己効力感（自尊感情）が相対的に低下している若者たちにとって、このような心理的報酬は、閉塞状況の打開策・対処策として重要性をもつものとなりうると、著者はみなしている。これらの若者たちが海外で「（ささやかな）成功体験」「（ささやかな）成功談」を得ること、つまり心理的報酬のもつ意義は予想以上に大きいというのである。このような若者を従順な低賃金労働力（日本人WH渡航者）として大量かつ円滑に調達できていることが、個々の企業や産業全体にプラスの影響を与えていることを無視することはできない。

　本書は、WH制度で渡航した若者の意識やライフスタイルの研究にとどまらず、グローバル化する経済・労働市場の実態と統合したスケールの大きな研究になっている。研究方法をみると、現地に滞在するWH渡航者のインタビュー調査、日本食レストランと観光施設における若者の就労の参与観察、留学・WH斡旋業者の調査、日本人が主体となって活動しているサークルの調査を実施している。また日本国内では、留学・WH斡旋業者の調査、エリート層に属する日本の若者へのインタビュー調査を実施している。このようにいくつもの角度から重層的に渡航者の実態をえぐり出していてその展開には迫力を感じる。

　筆者にとって興味深かったのはつぎの点である。WH制度は、日本の若年中位層の不満が「爆発」することを未然に防ぐ安全弁あるいはガス抜き装置として機能しているという指摘である。ここでいう若年層とは、若年ノンエリートの中位層のことをいう。もうひとつは、日本国内で自信を失った若者の自己効力感を強化することによって若者の就労意欲（あるいは生き残ることに対する意欲）を回復させる再生装置として機能しているという知見である。この2つの現象は、著者が指摘するように二面性をもっている。客観的に見ればWH制度を成り立たせ

ている環境は若者を「再生」させると同時に「酷使」している。日本国内の企業・労働市場で酷使され疲弊した若年労働者を再活用するという過程が含まれているのである。このシステムの内部では、若者を日豪両国で都合のよい労働力として活用する「二重の酷使」に近い状況が生じている。では彼らは、同情すべき若者なのか、それとも「（ささやかな）成功体験」や「（ささやかな）成功談」の獲得によって自己効力感の強化を果たし、渡航前より強い意欲をもって帰国する頼もしい若者なのか。著者は、「2つの見方・立場を調停することは容易ではない」と締めくくっている。

　本書は、若者研究のフィールドを海外に拡大し、日本国内の企業・労働市場で満足を得られない若者の海外渡航を打開の活路として、若者研究の新規開拓に成功したといえるだろう。WH渡航者を「若者ノンエリート中位層」と特定し、この階層の実態を鮮明に描き出した点で評価できる。若者が国内外で「二重の酷使」を受けながらも、海外で働き、暮らし、旅をする“アドベンチャー”の体験が彼らに与えるプラスの効果に着目する。ワーキングホリデーから帰国した若者たちは必ずしも安定した仕事に就いているわけではないのだが、それにもかかわらず数年間の海外体験は若者たちに「何か」を与え、自己効力感の強化をもたらしているという知見は興味深い。ノンエリート中位層の若者の海外体験を「二重の酷使」ではなく新たなチャレンジの道を開く制度へと展開できないものだろうか。

　以上のように本書は、若者研究の新開地となる力のこもった研究であることを認めつついくつかの点でコメントをしたい。

　第一は、豪州でインタビューした84名にのぼる若者たちの全体像を把握できる記述が見当たらない。巻末にインタビュー対象者一覧が掲載されているのだが、インタビューした月日の古い順に掲載されていて、男女別、学歴別、職業別、類型別にはなっていない。第2部第4章5章で4類型別に特定の分析対象者を選んで詳細な分析をおこなっているが、その背後にいる数十名の若者のすがたが見えない。分析に先立って上記の一覧表をもとに全体像がわかる記述がほしかった。第二は、男性と女性のちがいをほとんど分析していない点である。著者は今後の課題としてこの点をあげているのだが、ジェンダーによる違いは軽視できるもの

ではない。本書で分析がほしかった。女性中位層は、男性以上に社会・経済環境の変動に翻弄されている。その実態にフォーカスし、WH渡航が女性の活路を開いているのかどうかをもっと探ってほしかった。

このような問題はあるものの総体的手法でワーキングホリデーの実態と構造を明らかにした力作であることはまちがいない。今後追加すべき研究課題として著者があげている、①ジェンダー、②豪州国内の経済・産業構造、③帰国後の就業・生活状況の3点は、どれも非常に重要なテーマである。著者の取り組みに期待するとともに、他の研究者がこの研究フィールドに参入して更なる展開をしてくれることを期待する。

日本労働社会学会年報第29号〔2018年〕

本田一成著

『チェーンストアの労使関係
——日本最大の労働組合を築いたZモデルの探求——』
（中央経済社、2017年、A5判、384頁、定価4,800円＋税）

呉　学殊
(労働政策研究・研修機構)

1. はじめに

　日本的労使関係の担い手は、企業を単位に組織・活動している企業別労働組合である。企業別組合は基本的に労働者の団結権、交渉権、行動権という労働三権を排他的に行使している。産業別組合は、その企業別組合および企業連（企業グループ内の諸企業別組合を束ねて情報交換や対企業グループ協議等を行っている）を束ねて、産業内の労働条件の維持・向上に向けて情報交換、産業政策、統一闘争等を進めているが、基本的に労働三権を行使するのは例外である。企業別組合の労働三権を制約する程度は、産業別組合においてかなりの幅があり、組織が小さいほど、また、同じ産業であるほど、制約程度は高くなる可能性がある。しかし、UAゼンセンは、最大の産別組織であり、多様な産業の労働組合を抱えているにもかかわらず、その制約程度が比較的に高いという異質な存在である。そういう面からUAゼンセンの組織や活動、それの歴史的展開について研究する価値が高いが、本書はそれに当てはまる好書である。

2. 本書の目的と研究方法

　本書は、チェーンストア研究の第1人者である著者が、「最大勢力へ昇りつめたチェーンストア労働者たちに光を当て、微少ながらも新しい地平を拓き、次世代の研究のための種になりたい」と書いた「チェーンストア三部作」の1つである[1]。研究の対象は、大手チェーンストアの労使関係、特に労働組合の果たした

役割である。

　2016年現在、日本最大の産業別労働組合であるUAゼンセン（組織人員約164万人）の中で約6割を占めているのがチェーンストア労働者である。そのため、チェーンストアの労使関係や労働組合の役割の分析は、UAゼンセンの分析の核心に迫るものである。著者もそれを意識して「チェーンストア労組の結成と初期活動を詳細に事例分析するが、その基底にゼンセン分析を置く」ことを示している。

　著者は、より具体的に日本最大のチェーンストア労働者を形成できたゼンセンの組織体のモデルを「Zモデル」と呼び、ゼンセンが変転に組織能力の準備を完了した時点である「Z点」の特定、Z点を迎えるまでの準備内容としての組織化手法、Z点越を果たして複合産別となったゼンセンの姿を説明できる論理を明らかにし、Zモデルを成型したいとの目的を設定した。その際、流通産別の実現を射程に置く。

　研究方法は、インタビュー調査と文献研究である。2001年から16年の間、38人に対して延べ55回のインタビューを実施したが、その際に収集できた資料を用いている。

3．主な内容

　まず、序章では、チェーンストアの労働組合の形成過程を検討するにあたり、労使関係に対する視点が示されている。会社側の労働組合に対する理解が低いことによる「混乱の労使関係」、経営者の流通革命の推進に賛同する「同床の労使関係」、同盟と総評の対立が投影された「左右の労使関係」、ゼンセンがチェーンストアの組織化に乗り出した前に結成されたチェーンストア労組とその後に結成された労組との対立がみられた「分断の労使関係」、そして、チェーンストア組織化に伴う労組（ゼンセン？）内部の変化である「変転の労使関係」である。

　第1章では、チェーンストア労働者を組織化する上部団体の形成と流通産別構想が1970年までにどのように行われたのかが紹介されている。主な上部団体は、一般同盟、全国チェーン労協、商業労連、全繊同盟流通部会、そして同盟流通で

ある。

　第2章では、チェーンストア労働者の組織化に主導的な運動を展開するゼンセン同盟流通部会が1970年創設される前に、結成された先覚的なチェーンストア労組の結成と結成後の初期活動および労使関係、さらには上記の上部団体とのかかわりが描かれている。その先覚的労組として、東光ストア労組、渕栄労組、全西友労組、全ユニー労組、そして丸井労組が取り上げられている。東光ストア労組、渕栄労組、丸井労組は商業労連に、全ユニー労組と全西友労組は全国チェーン労協に加盟する。また、これらの労組は、経営者の組合への理解度、生産性向上への姿勢や複数組合等によってその活動内容に相違が出ていることが示されている。

　第3章では、全繊同盟にチェーンストア労組が増えている中、流通業界の秩序ある安定した発展と生活諸条件の向上を図り、そのために必要な組織活動と流通政策にかかわっていくために、1970年、流通部会が創設するまでの経緯、および創設後、流通部会の活動および成果が示されている。世間相場より高い賃上げ率、一時金の高水準獲得、時短への取り組みおよび「大店法」対策という産業政策に対する運動が述べられている。それだけではなく、ゼンセンの組織特性の心臓部と見なされている大産別主義と内部統制の内容・実態が紹介されている。

　第4章では、ゼンセン同盟の流通部会の設立メンバーである長崎屋労組と全ジャスコ労組の組合結成と労使関係の様相が記されている。前者では、会社の「高賃金、高効率原則」の経営を追い風に高賃金と週休2日制の導入等、後者では、休日数の増加による時短や賃上げや一時金の引き上げによる業界水準の押し上げ、また、生産性向上に労組の役割が非常に大きいことが示された。なお、全繊同盟は、流通部門等のほうが全繊産業より組織人員が多くなること等を踏まえて、1974年、組織名をゼンセン同盟に変更した。

　続く第5章では、流通部会の創設後に結成されたイトーヨーカドー労組が取り上げられる。同労組は、ゼンセンが会社側の理解を得て行う組織化（公然型組織化）によって1970年結成された。同労組は、結成時から生産性や収益性の向上に取り組む態度を明確に打ち出して実践した。労働条件の面では、基準内賃金や一時金の満額回答を引き出すだけではなく、休日数の増加、さらには営業時間の

短縮や正月勤務手当等を、厳しい交渉の末、勝ち取った。こうした運動が、チェーンストア業界の発展に果たした役割は大きいと、著者は高く評価している。

第6章では、全ダイエー労働組合の事例が研究されている。ダイエーに労働組合が結成されるのは1965年であるが、全繊同盟とは関係がなかった。同労組は、1972年、サンコー労組と合併し全ダイエー労組となる。同労組は、1974年、賃上げ要求の獲得に向けて、ワッペンの着用と時間外勤務拒否、さらにはストライキを決行するほどの運動を展開した。労使が、中央労働委員会のあっせん案を受け入れて紛争は終息した。同労組は、1978年上部組織を一般同盟からゼンセン同盟に移した。

第7章では、流通産別の実現であるUAゼンセン結成への道程が描かれている。1980年代以降、流通部会は、組織の拡大と賃金および一時金の引き上げに実績を上げて存在感を高めていった。また、産別の統合をへながらいっそう流通部会は大きくなり、2012年、UIゼンセン同盟とJSD（日本サービス・流通労働組合連合）との統合により、UAゼンセンが誕生したが、それに伴い、流通部会は流通部門となり、その傘下にGMS部会等の6つの部会がある。ここで流通産別構想が実現したと見なされる。

終章では、大産別主義と内部統制の最適なバランスを導いたZ点探しを行っている。Z点は、組織化手法の完成型である集団組織化が応用されて成功し、また流通部会の隆盛を決定づけただけでなく、ゼンセンが後の他業態、他産業への組織拡大を確信した時点、と同時に流通部会の拡張が内部統制を緩和させる方向を決定づけた地点であるが、それに当たる最有力候補として1983年のSSUA（Speciality Store Union Association）の結成と、著者は特定した。SSUAは、婦人服、紳士服等の服装を取り扱う専門店のユニオン連合会である。Z点を機に、ゼンセンの全方位型組織化が加速するが、内部統制は弱まっていく。

4．評価すべき点と改善すべき点

まず、本書の評価すべき点について述べたい。第1に、資料的価値の高い書物である。本書は、ゼンセンの組織特性の心臓部が大産別主義と内部統制であるこ

とを示した上、大産別主義の指標の1つが組織拡大とみて、主要チェーンストア企業における組合の組織化と組織化直後の労使関係について、一次資料を基に明らかにした「基礎資料づくり」を果たし、今まで研究の光が及ばなかったチェーンストアの研究を切り開いた先駆者的な書物といえる。資料的価値の高い内容となっている。チェーンストア労組を代表するいくつかの事例について組合の結成や結成後の労使関係の実態を正確に描き、埋もれていた歴史を表舞台に現わしている歴史書であり、組合の存在・役割によってもたらされた組合効果も確認できる。

　第2に、最大産別であるUAゼンセンの本質に迫ろうとする内容である。著者は、チェーンストア労組の結成と活動について歴史的記述に留まらず、大産別主義と内部統制を心臓部（ゼンセン運動の柱）とするゼンセンの組織の性質がいつ、どのように変わったのか。その点がZモデルの急所であるとみて、そのモデルとZ点を探し求めた。チェーンストアの組合員の激増が起爆剤となって、ゼンセン自体を変転させたポイントを「Z点」と呼び、そのZ点が1983年SSUAの結成とみている。Z点は、ゼンセンが変転に耐える組織能力の準備を完了した時点であり、その始まりの時に、ゼンセンの組織化の進撃により従来みられないほどの組織拡大が始まった。Z点の特定、Z点を迎えるまでの準備内容としての組織化手法、Z点越えを果たして複合産別となったゼンセンの姿を説明できる論理を明らかにし、Zモデルを整形したいとの目的を達成しようとした力作である。すなわち、チェーンストアの労使関係、組織化、組合の役割を歴史的に分析する歴史書でもあるが、単に歴史を羅列するのではなく、UAゼンセンの歴史的転換点をZ点ととらえて、そのポイントを探し出している。「その時、歴史が動いた」のその時を特定したのである。Z点を特定したのは、あれほど多くのインタビュー調査と資料の分析を、情熱と冷静さを保って進めた産物だったといえよう。

　しかし、チェーンストアについては門外漢ではあるが、次の点が改善されたら著者の尽力がもっと報われ高く評価されたのではないかと思われる。第1に、本書は、「チェーンストア労組の結成と初期活動を詳細に事例分析するが、その基底にゼンセン分析を置く」としている。しかし、本書の大半を占める第6章までの事例研究（第3章を除く）では、ゼンセン分析という内容がほとんどなく、そ

れが明確に読み取れない。例えば、第6章で、ゼンセン同盟流通部会が、ダイエー熊本店の出店拒否に対処し、一般同盟に加盟する全ダイエー労組への協力や支援を惜しまなかったとされているが、その具体的な内容が示されていない。もちろん、本書で取り上げられた労組がゼンセンに属していくので、ゼンセン分析といえなくもないが、産別としてのゼンセンの姿がもっと描かれると、ゼンセンの組織特性の心臓部と言われる内部統制の実態・意味がもっと伝わったのではないかと思う。

　第2に、ゼンセンの大産別主義の根幹を、全繊同盟初代会長の主張、すなわち、「全繊同盟の運動が正しければ、一産別にとどめず、日本の労働組合全体に影響を及ぼさなければならない」こと、それが後々まで伝承されていることにあるとみている。この主張から大産別主義の根幹を導き出すことが、どれほど説得力があるのか疑問が残る。筆者は、正しい運動の必要性にもっと重点がおかれているのではないかと感じられる。著者は、大産別主義がゼンセンの組織特性の心臓部であると主張しているのであれば、その根拠をもっと詳細に示してほしかった。

　第3に、一貫性という意味で課題が残る。本書がチェーンストアの労使関係の研究であるのか、ゼンセンという産別の研究であるのか、それともZ点探しの研究であるのかがよく読み取れない。メインタイトルが「チェーンストアの労使関係」であり、労使関係を「混乱」、「同床」、「左右」、「分断」、「変転」の労使関係に分けてあるが、特定の事例（例えば第6章の全ダイエー労働組合）でも「混乱」、「左右」、「分断」の労使関係がみられる。特定の企業の労使関係が歴史的にいくつかの変遷を辿ってきたと理解はできるものの、何らかの法則性を示せばよかったのではないかと思う。そもそも上記5つの労使関係の区分には一貫した尺度が見当たらない。労と使との関係よりも労と労との関係の色彩が強いものもある。

　ゼンセンという産別の研究であれば、産別が個別企業の組合結成、組合運動、さらには労使関係等にどのような影響を与えているのかに焦点を絞るべきだったと考える。また、ZモデルとZ点を探すのであれば、それに焦点を当てて執筆したらもっとよかったと考えられる。主要チェーンストア労組の結成と結成後の労使関係が記されているが、その内容がZモデルやZ点とどのように結びついてい

134

るのかがわかりづらい。特定の事例をＺ点の前と後に分けて、大産別主義と産別規制の内容がどのように変わったのかを明らかにしたほうがより説得力があったのではないかと思われる。主要労組の結成と活動が記されている第6章までと、Ｚ点探しにつながる第7章および終章との内容の段差があることが、一貫性という面で課題が残ることを現わしているのではないかと思われる。

とはいうものの、日本最大産別であるＵＡゼンセンの中でも最大組織である流通部門（旧流通部会）に光を当てて、チェーンストア労組の結成や労使関係の展開、さらにはそれが産別運動への影響を明らかにし、労使関係研究の地平を広げた功績はいくら高く評価してもしすぎることはない。一読をおすすめしたい。

【注】

1　既刊された残りの2冊は、『チェーンストアの人材開発──日本と西欧──』、『チェーンストアのパートタイマー──基幹化と新しい労使関係──』である。

書　評

———— 日本労働社会学会年報第29号〔2018年〕————

渡辺拓也著
『飯場へ──暮らしと仕事を記録する──』
（洛北出版、2017年、四六版、506頁、定価2,600円＋税）

大西　祥惠
（国学院大学）

1．はじめに

　本書は著者の博士論文「飯場の社会学：下層労働者の排除の構造とメカニズ
ム」をもとに、「学術的内容を、問題の複雑さを縮減することなく、あらゆる人
たちに読み通してもらえることを念頭に、構成を大きく変更し、全面的な加筆・
修正を加えたもの」である（488頁）。

　本書にかかわる調査はA建設（2003年8月19日～9月1日の14日間）、B建設
（2004年2月10日～3月19日の39日間）、C建設（2004年6月23日～8月7日の
46日間）、X建設（2011年2月8日～3月31日の34日間）の4か所の飯場において、
実際に著者が入寮して就労する形で実施された。このうちA建設・B建設・C建
設は寄せ場を主な求人手段とする飯場であり、X建設は求人広告を積極的に活用
する飯場である。著者は二つの求人ルートを把握することで現代日本の飯場の実
態について、より厚い議論ができるとしている（23頁）。

　以下では本書の概要を紹介したうえで、本書の意義と論点について述べていき
たい。

2．本書の概要

　「はじめに」では、飯場での参与観察（フィールドワーク）に取り組むきっか
けとなった経験が振り返られている。著者は卒業論文のテーマを模索するなかで
大阪の西成公園のテント村にたどり着いた。そこで当事者から「飯場に入ってみ

ないと、わしらがホームレスをしている理由はわからん」と言われたことを契機
として、飯場での参与観察に取り組むことになったという（16頁）。本書の第1
章～第4章においては飯場の暮らしと仕事の実態、第5章～第8章においては飯
場で働く人たちの人間関係のあり方が描かれている。

　「第1章　人夫出し飯場のエスノグラフィー」は、著者が初めて参与観察を実
施したA建設での14日間の経験が、日記形式で記されている。当初は飯場を探
すところから困難に直面したが、何とか飯場に入り、そこで戸惑いながら仕事を
行っていく様子がみてとれる。道具の名称や使い方、作業の楽さ・きつさ、現場
や飯場で関係者に言われたことなど、フィールドにて得られた強烈な気づきに基
づく記述となっているといってよい（132頁）。

　「第2章　飯場の生活」では、調査で得られた知見や文献などの資料に基づい
て飯場での生活が記されている。仕事の有無にかかわらず一日あたり約3000円
の「飯代」が引かれ、多くの場合、退寮時に清算がなされる飯場の仕組み、悪質
な飯場の存在、周辺環境や施設、経営者や従業員、食事、認定（日雇雇用保険）、
飯場における人間関係などが順を追って説明されている。そして、特筆されるの
は飯場の生活が暗黙の生活管理に満ちているという指摘だろう（213頁）。

　「第3章　飯場の仕事：寄せ場→飯場」では、寄せ場を主な求人手段とする飯
場の労働実態が記されている。ここでは寄せ場の衰退の原因として若年労働者・
技能労働者の増加、飯場の巨大化などへの言及がみられる。C建設はゼネコンと
の強いつながりを有しており、新規入場研修を受けなければ大型ショッピング
モールの現場に入ることができなかった。著者はこの点を、他の飯場よりもC建
設において若年労働者が多かった理由の一つだととらえていた。それに加えて、
C建設における職長は通勤者が多かった点を技能労働者の確保と関連づけている
（252-254頁）。そして余剰労働力を抱えやすいという飯場の避けられない仕組み
を、飯場巨大化とのかかわりで論じている（255頁）。

　「第4章　飯場の仕事　求人広告→飯場」では、求人広告を積極的に活用する
飯場の労働実態が記されている。X建設はゼネコンの一次下請であり、鳶や重機
オペレーターのように資格・免許を必要とする労働者から建設作業員まで幅広く
雇い入れていた（259頁）。X建設の戦略は求人広告市場に広く募集をかけ、飯場

書評：飯場へ　*137*

に入らざるを得ない窮乏した者のなかから「希少価値」の高い労働者を選別し、囲い込むというものであった。これによって、余剰労働力を抱え込むリスクは発生するが、コストカット競争のなかで勝ち抜くために飯場という装置を有効に活用しているとみなすことができ、こうした状況のもとで飯場は巨大化していったのだという（287-288頁）。

　「第5章　飯場の労働文化」では、飯場労働者の行動様式が検討されている（308頁）。飯場労働者は自らの有能さを実現することで労働の意味を得ており、それを表現するために初心者へのフォローが行われている（319-320頁）。こうした点は一見、労働文化が使用者の意図に絡めとられているようにもみえるが自らの有能さを示すために労働者は独断で行動することもあり、決して使用者に都合よく行動している訳ではないという（321頁）。

　「第6章　つくられた『怠け者』、排除の檻」では、労働現場における「勤勉」と「怠け」は、集団内の相互行為において便宜上作り出される虚構に過ぎないことが明らかにされている（341-342頁）。飯場労働において労働者は「気を利かせる」ことが際限なく求められ、これが十分でない場合、怠けているなどのマイナス評価を受ける。しかし、このルール自体が使用者によって恣意的に作られているため、結果的に労働者は使用者に「主体的」に従うことになっていく。また、労働者間でも固定層から流動層に対しては、上述と同様に「怠け者」というレッテルが貼られることがあるが、いちど他人を怠け者扱いする側に立つと、今度は自分がそうでないことを証明しなければならなくなり、それがまた労働者を縛っていくことになるという（365-367頁）。

　「第7章　『怠け』の役割、排除の構造」では、前章に引き続いて「怠け者」が、権力関係を背景とした相互行為のなかで作り出されることを示し、「労働」とは何かを問い直す作業が行われる（372頁）。そもそも雇っておきながら仕事を用意せず、指示も出さないのは使用者の「怠慢」といえ、労働者が何もしないことは「怠け」ではない（398頁）。しかし使用者と労働者との間には権力関係が存在するために、労働者の側に問題があると認識されるのである。そこで問われるべきなのは、「望ましい労働のあり方」ではなく「関係のあり方」だとの指摘がなされている（399頁）。

138

「第8章 不寛容なコミュニティ：淘汰と選別」では、求人広告を積極的に活用する飯場において行われていたことが、排除というよりは淘汰であったことが明らかにされている（436頁）。X建設のコンクリ打ちは「請け」（請負）なので、仕上がりが悪ければ職長は給料からその分が差し引かれる。そのため、X建設の現場は初心者に対しても決してやさしくはない（406-408頁）。さらに後輩の「気の利かなさ」を先輩があからさまに見下す態度もみられたという（411頁）。また、コンクリ打ちの主力は中国人技能実習生であったが、彼らからも「下っ端」の労働者はぞんざいな態度をとられていた（412-413頁）。このように、X建設では労働者が自身の有能さをアイデンティティとするコミュニティが形成されているために、他者の未熟さや無能に不寛容になっていると著者は分析しており、これはコストカットを迫る資本の要請と重なるものがあるという（437頁）。

「おわりに」では、飯場の実態が振り返られるとともに、コストカットの圧力が高まるなかで現場の生産性と労働者の共同性との間にあるせめぎあいに言及したうえで、どのように共同性を広めていけるかが重要であるとの指摘がなされている（450-458頁）。

3．本書の意義と論点

本書の意義と論点を、順に論じていきたい。まず、本書の意義として次の3点が挙げられる。

1点めは、著者が実際に飯場に入り、仕事内容や飯場での生活、労働者間の関係を明らかにしたうえで、飯場労働の実態を解明した点である。日雇労働については、寄せ場を舞台とした調査、研究はこれまでにも多数蓄積されてきた。しかし建設産業におけるそのウェイトの大きさとは対照的に、飯場労働については十分に明らかにされてきたとはいい難い。また、例えば「コンクリ打ち」は建設日雇労働に関する文献などでは見慣れた用語であるが、その具体的な作業にまで掘りさげての研究は数少ないのではないだろうか。日雇労働に関していうと、いわゆる「不熟練労働」とされながらも、実際には現場での経験がなければわからない「専門用語」や相対的に高い技能は多数存在する。本書ではそれらについて著

者の経験を通じて知ることができ、ゆえにその仕事の労働者への負荷、現場での位置付けがより一層現実に即して理解できるのである。

2点めは、労働者と使用者の権力構造のなかから、「勤勉」と「怠け」の関係を明らかにした点である。本文中でも触れられているように、これまでにも日雇労働者の「怠け」に関する指摘はあったが、どちらかといえばサボタージュ（著者の言葉では「戦略的な怠業」（369頁））の内実を分析したものが多かった。本書ではまったく異なる観点からこの問題に迫ったことが極めて重要と思われる。

3点めは、本書のあちらこちらに著者のフィールドノートからと思われるコメントやイラスト、写真が盛り込まれている点である。これらは読者が現場労働や飯場での生活について理解を深めるのに大変役立つといってよい。

次に、本書の論点として2点挙げておきたい。

1点めは、飯場の分類についてである。本書では、飯場は主に寄せ場において求人を行うものと積極的に求人広告を活用するものに分けられていた。しかし、寄せ場の一つである釜ヶ崎において2008年に実施された調査で、この1か月一番多く寝泊まりした場所を関係各所で問うたところ「寄宿舎（飯場）」と回答した者の割合が最も高かった「西成労働福祉センター紹介課窓口」でも14.3%（8人）に過ぎなかった（大西2011：78）。また、飯場の数に着目すると2000年代はじめの時点で東京、神奈川、千葉だけで少なく見積もって800の飯場が存在していると推定されている（田巻・山口・北川2002：110）。寄せ場と飯場との関係や、飯場の数の多さなどを考えると、飯場の分類の仕方がより一層多角的に検討されてもよいかもしれない。

2点めは、本書でも至るところで言及されており、また著者の博士論文のサブタイトルにもみられる「排除」というキーワードについてである。著者は「コラム　気づきを理解につなげるために」（323-338頁）において、西澤晃彦の社会的排除概念についての言及に触れながらこの点を論じている。しかし、本書において「排除」という用語は、労働現場における労働者の選別と排除の問題として語られることもあれば（341頁）、現代社会における排除の圧力が下層労働に色濃く現れるというように、社会とのかかわりで論じられることもあった（457頁）。この「排除」というキーワードについては重要な論点であるだけに、今後

より一層詳しい説明が加えられる必要があるように思われる。

　以上本書について述べてきたが、本書がこの分野にかかわる者にとって極めて有益であることは疑いようもない事実であり、必読の書といえよう。

【参考文献】

　大西祥恵（2011）「日雇労働者の多様な実態と社会的排除：2008年『あいりん日雇労働調査』から」西南学院大学『西南学院大学人間科学論集』第6巻第2号。

　田巻松雄・山口恵子・北川由紀彦（2002）「山谷・飯場・日雇労働に関する行政資料紹介」日本寄せ場学会『寄せ場』第15号、れんが書房新社。

―― 日本労働社会学会年報第29号〔2018年〕――

松永伸太朗著
『アニメーターの社会学──職業規範と労働問題──』
（三重大学出版会、2017年、A5版、249頁、定価2,400円＋税）

浅川　和幸
（北海道大学）

　読んで驚いた、1990年生まれの著者が特定の産業の包括的な労働問題に関する書籍を世に問うたということに。これは、一昔前なら数人の研究者が協力してやっと可能になるような、そんな驚くべき書籍（以下、本稿）である。

　ところで、評者は労働社会学会の片隅に、「未だ、いた」と言うような存在である。労働問題研究からは、既に20年近く遠ざかっている。そんな評者に、なぜ書評の依頼がきたのだろうか。それが最初に抱いた疑問であった。確かに、年をとっても未だアニメは見ている。卒業生にはアニメーターもいる（そう言えば、彼の口癖は「日本のアニメーターをロンドン条約で保護してほしい」だったなあ）。しかし、編集委員会がそんな事を知っているわけはあるまいし……と、与太話はここまでにして、どこまでアクチュアルな書評が可能であるかは、微妙なところだがやってみたい。

　まず、目次から構成を概観しておく。

　　序　　章　　本書の問題設定と構成
　　第一章　　アニメーターという対象
　　第二章　　働きすぎという現象の捉え方
　　第三章　　データと方法──規範の記述とエスノメソドロジー
　　第四章　　アニメーターの仕事についてのエスノグラフィックな前提
　　第五章　　アニメーターの仕事を形作る二つの職業規範
　　第六章　　規範の利用と独創性の発揮
　　第七章　　規範の利用と労働条件の受容

142

第八章　アニメーターにとっての労働問題
終　章　本研究の意義と課題

　一見してわかるように、全体の半分をいわゆる「前置き」が占めている。これ
は「あとがき」で書かれているように、本稿が一橋大学大学院社会学研究科に提
出した修士論文が元になっているからだ。それゆえに方法論的な記述や研究とし
ての意義の記述に割く分量が多くなったのだと考えられる。理論武装編と言って
も良い。第二章から第四章の記述がそれにあたる。しかし、それが本稿の学術研
究の価値を確かにしている。

　第五章から第八章が、労働問題分析の中核となる。労働問題を分析・記述する
方法は、「職業規範」との整合性の観点からなされる。仕事の二つの側面（「独創
性の発揮」と「労働条件の受容」）と賃金問題（「完全出来高制」と初期キャリア
時の低賃金）を理解するというものである。「職業規範」によってアニメーター
の様々な領域にわたる労働問題を、いわば「断面図」として切り取ってみせると
いう仕掛けになっている。このことによって、総合的なものとしてなされる労働
問題研究にありがちな、多面性と同時に生じてしまう問題の拡散を防いでいる。
言わば、「クリアカット」することが可能になっているのだ。そして、本稿の方
法論（「エスノグラフィックな方法」）が「職業規範」分析を裏打ちしている。

　是非とも、多くの方も手にとって読んでいただきたい。また、著者には本稿を
研究者キャリアの入門的な意味付けに留めるのではなく（敢えて言えば、「卒業」
せずに）、日本のアニメーターが生きて行けるような、それを通じてポスト近代
の文化的な試行錯誤の場としての日本のアニメ文化がより豊かになることができ
るような環境を作る上で貢献してほしいと考える。これはわがままであろうか。

　わがままついでに、こんなことも考えてもらえたらということを最後に幾つか
書いておこう。

　ひとつ目は、アニメーターの「職業規範」の理解に関わるものである。著者は
アニメーターの「職業規範」を、「職人的規範」と「クリエイター的規範」の二
つの相対的に異なる「規範」に分解して理解できると提示している。さらにこの
二つの「規範」は一部が重なる関係にある。そのため「職業規範」は、結果的に

三つの領域（「規範」内容は四つ）から構成される。「職人的規範」のみからなる領域には「上流工程の指示に従う」規範が、「クリエイター的規範」のみからなる領域には「独創性を発揮する」規範が、両者が重なる（両者から支持されるという意味である）領域には、「高い技術を持つ」規範と「キャリア継続を優先する」規範があると整理している。

　規範をいわば「理念型」的に構成し、そこから現実を理解するという方法に問題があるとは考えない。しかし、「職人的規範」と「クリエイター的規範」の理解は極端すぎないだろうか。

　まず、「クリエイター的規範」について。事実的な意味でだが、元々のインタビューにおいて、「独創性を発揮する」という言葉そのものをアニメーター自身は口にしていない。著者のインタビューも、「創造性」を問うということで話題化されていた。現場を知らない評者が理解できたのは、アニメーターが仕事のなかで発揮している工夫やこだわりである。

　次に「職人的規範」について。ここでの「職人」の意味合いに、労働者とは異なるものとしての「独立への意志」や自分の「ウデへの自負」があると仮定するなら、そのリソースの位置に（自分なりの）工夫やこだわりがあるだろう。そして、これらは「クリエイター的規範」においてアニメーター自身が語ったことに重なってくる。著者は「職人的規範」として「上流工程の指示に従う」ことを強調するが、一般的に言ってこれは労働者規範と呼ぶべきではないだろうか（歴史的にも、御しがたい職人を従順な労働者にするために脱熟練化したという経緯があると理解できるから）。その意味から言って、「上流工程の指示に従う」と同時に職人的な自律性にも目配りがあっても良いと思う。蛇足だが、この延長線上に、「自律性」のコントロールをめぐる経営と労働者の攻防という分析地平が設定できる。

　勝手なことを述べてきたが、この両規範とその関係についての理解を深める余地はもっとあると思う。

　二つ目は、特有の賃金のあり方（「出来高賃金制」と「一律単価」）がもたらす矛盾の理解についてである。割り当てられる仕事の内容が異なる（難しいものと簡単なものの差が著しい）にも関わらず「一律単価」であることが問題を生む場

合には、仕事を任せる側の仕事の割り当て方（アニメーターにとっては割り当てられ方）に注目する必要があるのではないだろうか。そこが、特有の賃金のあり方の下での賃金をめぐる攻防の戦場となる。それはアニメーターの仕事にとってのジレンマ（「早く描く」、「丁寧に描く」）とも重なるし、同時に稼ぎ方の良否や次の仕事の割り当てられ方（任せられ方）にも影響するだろう。アニメーターにとってのサバイバルの戦略的要地とも言える。このように考えると、制作進行（仕事の割り当て）も含めた労務管理体制の中で、労働条件と賃金を問題にする必要がでてこよう。

　三つ目は、平凡なわがままで申し訳ない。それは、いわゆる「家計補充的賃金」（動画の場合、一日12時間労働で月収が10万円程度）でどのような生活が成り立つのかについて、切実に知りたいというものである。アニメーターの離職率が、「入職三年以内に五〜八割」（37頁）であるのもうなずけるところである。アニメーターが独居しているとするなら、ダブルジョブなのだろうか。貯金を食いつぶしているのか。家族に支えられているのだろうか。だとすると、何年耐えることができるのだろうか。それに耐えてアニメーターとして生き残ったのはどのような人たちなのだろうか。どのような条件が生き残りの成否を分けたのだろうか。こんな疑問が浮かんでくる。

　全体として、アニメーターは「やりがい搾取」されているのではなく、仕事を支える「職業規範」をもった能動的な存在として理解する著者の姿勢を、高く評価したい。しかしながら、その上で、彼ら／彼女らが自らの苦境を変えるための契機（連帯、古くてゴメン）が、この「職業規範」のどこにあるのかを、さらに探る研究を続けて欲しいと切に願っている。著者の手になる次のアニメーター研究を待っている。待ち焦がれている。

日本労働社会学会会則

(1988年10月10日　制定)
(1989年10月23日　改訂)
(1991年11月 5 日　改正)
(1997年10月26日　改正)
(1998年11月 2 日　改正)

［名　　称］

第 1 条　本会は、日本労働社会学会と称する。

　　2　本会の英語名は、The Japanese Association of Labor Sociology とする。

［目　　的］

第 2 条　本会は、産業・労働問題の社会学的研究を行なうとともに、これらの分野の研究に携わる研究者による研究成果の発表と相互交流を行なうことを通じて、産業・労働問題に関する社会学的研究の発達・普及を図ることを目的とする。

［事　　業］

第 3 条　本会は次の事業を行う。

(1)　毎年1回、大会を開催し、研究の発表および討議を行なう。

(2)　研究会および見学会の開催。

(3)　会員の研究成果の報告および刊行（年報、その他の刊行物の発行）。

(4)　内外の学会、研究会への参加。

(5)　その他、本会の目的を達成するために適当と認められる事業。

［会　　員］

第 4 条　本会は、産業・労働問題の調査・研究を行なう研究者であって、本会の趣旨に賛同するものをもって組織する。

第 5 条　本会に入会しようとするものは、会員1名の紹介を付して幹事会に申し出て、その承認を受けなければならない。

第 6 条　会員は毎年（新入会員は入会の時）所定の会費を納めなければならない。

　　2　会費の金額は総会に諮り、別途定める。

　　3　継続して3年以上会費を滞納した会員は、原則として会員の資格を失うものとする。

第 7 条　会員は、本会が実施する事業に参加し、機関誌、その他の刊行物の実費配布を受けることができる。

第 8 条　本会を退会しようとする会員は書面をもって、その旨を幹事会に申し出なければならない。

［役　　員］

第 9 条　本会に、つぎの役員をおく。

　⑴　代表幹事　1名

　⑵　幹　　事　若干名

　⑶　監　　事　2名

　役員の任期は2年とする。ただし連続して2期4年を超えることはできない。

第10条　代表幹事は、幹事会において幹事の中から選任され、本会を代表し会務を処理する。

第11条　幹事は、会員の中から選任され、幹事会を構成して会務を処理する。

第12条　監事は、会員の中から選任され、本会の会計を監査し、総会に報告する。

第13条　役員の選任手続きは別に定める。

［総　　会］

第14条　本会は、毎年1回、会員総会を開くものとする。

　2　幹事会が必要と認めるとき、又は会員の3分の1以上の請求があるときは臨時総会を開くことができる。

第15条　総会は本会の最高意思決定機関として、役員の選出、事業および会務についての意見の提出、予算および決算の審議にあたる。

　2　総会における議長は、その都度、会員の中から選任する。

　3　総会の議決は、第20条に定める場合を除き、出席会員の過半数による。

第16条　幹事会は、総会の議事、会場および日時を定めて、予めこれを会員に通知する。

　2　幹事会は、総会において会務について報告する。

［会　　計］

第17条　本会の運営費用は、会員からの会費、寄付金およびその他の収入による。

第18条　本会の会計期間は、毎年10月1日より翌年9月30日までとする。

［地方部会ならびに分科会］

第19条　本会の活動の一環として、地方部会ならびに分科会を設けることができる。

［会則の変更］

第20条　この会則の変更には、幹事の2分の1以上、または会員の3分の1以上の提案により、総会の出席会員の3分の2以上の賛成を得なければならない。

［付　　則］

第21条　本会の事務執行に必要な細則は幹事会がこれを定める。

　　2　本会の事務局は、当分の間、代表幹事の所属する機関に置く。

第22条　この会則は1988年10月10日から施行する。

編集委員会規程

(1988年10月10日　制定)
(1992年11月3日　改訂)

1. 日本労働社会学会は、機関誌『日本労働社会学会年報』を発行するために、編集委員会を置く。
2. 編集委員会は、編集委員長1名および編集委員若干名で構成する。
3. 編集委員長は、幹事会において互選する。編集委員は、幹事会の推薦にもとづき、代表幹事が委嘱する。
4. 編集委員長および編集委員の任期は、幹事の任期と同じく2年とし、重任を妨げない。
5. 編集委員長は、編集委員会を主宰し、機関誌編集を統括する。編集委員は、機関誌編集を担当する。
6. 編集委員会は、会員の投稿原稿の審査のため、専門委員若干名を置く。
7. 専門委員は、編集委員会の推薦にもとづき、代表幹事が委嘱する。
8. 専門委員の任期は、2年とし、重任を妨げない。なお、代表幹事は、編集委員会の推薦にもとづき、特定の原稿のみを審査する専門委員を臨時に委嘱することができる。
9. 専門委員は、編集委員会の依頼により、投稿原稿を審査し、その結果を編集委員会に文書で報告する。
10. 編集委員会は、専門委員の審査報告にもとづいて、投稿原稿の採否、修正指示等の措置を決定する。

付則1. この規定は、1992年11月3日より施行する。
　　　2. この規定の改廃は、編集委員会および幹事会の議を経て、日本労働社会学会総会の承認を得るものとする。
　　　3. この規定の施行細則（編集規定）および投稿規定は、編集委員会が別に定め、幹事会の承認を得るものとする。

編集規程

(1988年10月10日　制定)
(1992年10月17日　改訂)
(幹事会承認)

1. 『日本労働社会学会年報』(以下本誌)は、日本労働社会学会の機関誌であって、年1回発行する。
2. 本誌は、原則として、本会会員の労働社会学関係の研究成果の発表に充てる。
3. 本誌は、論文、研究ノート、書評、海外動向等で構成し、会員の文献集録欄を随時設ける。
4. 本誌の掲載原稿は、会員の投稿原稿と編集委員会の依頼原稿とから成る。

年報投稿規程

(1988年10月10日　制定)
(1992年10月17日　改訂)
(2002年 9月28日　改訂)
(2011年12月15日　改訂)
(2014年 7月 5日　改訂)
(幹事会承認)

[投稿資格および著作権の帰属]

1. 本誌(日本労働社会学会年報)への投稿資格は、本会員とする。なお、投稿論文が共著論文の場合、執筆者のうち筆頭著者を含む半数以上が本会会員であることを要する。
2. 本誌に発表された論文等の著作権は日本労働社会学会に帰属する。ただし、著作者自身による複製、公衆送信については、申し出がなくてもこれを許諾する。

[投稿原稿]

3. 本誌への投稿は論文、研究ノート、その他とする。
4. 投稿する論文は未発表のものに限る。他誌への重複投稿は認めない。既発表の有無・重複投稿の判断等は、編集委員会に帰属する。ただし、学会・研究会

等で発表したものについては、この限りではない。

［執筆要項］

5. 投稿は、パソコン類による横書きとする。

6. 論文及び研究ノートの分量は24,000字以内（図表込：図表は1つにつき400字換算）とする。また、書評は4,000字程度とする。

7. 原稿は下記の順序に従って記述する。

 題目、英文題目、執筆者名、執筆者ローマ字、本文、注、文献、字数。

8. 本文の章・節の見出しは、次の通りとする。

 1.2.3…、(1) (2) (3) …、1) 2) 3) …

9. 本文への補注は、本文の箇所の右肩に (1)、(2)、(3) の記号をつけ、論文末の文献リストの前に一括して掲載する。

10. 引用文献注は下記のように掲載する。

 引用文献注は本文の該当箇所に（　）を付して、（著者名、西暦発行年、引用ページ）を示す。引用文献は論文末の補注の後に、著者のアルファベット順に著者名・刊行西暦年、書名（または論文名、掲載誌名、巻号）、出版社の順に一括して掲載する。また、同一の著者の同一年度に発行の著者または論文がある場合には、発行順に a, b, c,…を付する。

11. 図、表、写真は別紙とし、次のように作成する。

 (1) 本文に該当する箇所の欄外に挿入箇所を朱書きして指定する。

 (2) 図・表の文字の大きさは、別紙で定める図表基準に従うこと。

 (3) 図・表の番号は、図 - 1、表 - 1のように示し、図・表のそれぞれについて通し番号をつけ、表にはタイトルを上に、図にはタイトルを下につける。

 (4) 図・表・写真等を他の著作物から引用する場合は、出典を必ず明記し、必要に応じて原著者または著作権保持者から使用許可を得ること。

［申込みと提出］

12. 投稿希望者は、以下の項目を A4サイズの用紙1枚に記入し編集委員会宛に申し込む。書式は自由とする。

 (1)氏名、(2)郵便番号と住所、電話番号、e-mail アドレス、(3)所属機関・職名、同電話番号、(4) 論文、研究ノートなどの区分、(5) 論文の題目、(6) 論文の概

略、(7) 使用ソフトの名称及びバージョン。

13. 当初の投稿は原稿とコピー計3部 (うちコピー2部は氏名を伏せること) を送付する。また、編集委員会が指定するアドレスに原稿を添付ファイルで送信する。

[原稿の採否]

14. 投稿論文は複数の審査員の審査結果により、編集委員会が掲載の可否を決定する。

15. 最終段階で完成原稿とコピー計2部を編集委員会に送付する。また、編集委員会が指定するアドレスに原稿を添付ファイルで送信する。

[図表基準]

16. 図表は次の基準により作成するものとする。

(1) 図表のサイズは年報の1頁以内に収まる分量とする。

(2) 図表作成の詳細については、原稿提出後に出版社との調整があるので、その指示に従い投稿者の責任において修正することとする。

[付記]

1. 本規程の改訂は、幹事会の承認を得なければならない。

2. 本規程は、2014年7月5日より実施する。

日本労働社会学会幹事名簿（第29期）

幹　事

松尾　孝一	（青山学院大学）	代表幹事
小村　由香	（日本看護協会）	事務局長
小谷　　幸	（日本大学）	会　　計
中嶌　　剛	（千葉経済大学）	会　　計
井草　　剛	（松山大学）	
石井まこと	（大分大学）	
伊藤　大一	（大阪経済大学）	
今井　　順	（北海道大学）	
李　　旼珍	（立教大学）	
大槻　奈巳	（聖心女子大学）	
高橋　康二	（労働政策研究・研修機構）	
中囿　桐代	（北海学園大学）	
西野　史子	（一橋大学）	
長谷川美貴	（常磐大学）	
萩原久美子	（下関市立大学）	
兵頭　淳史	（専修大学）	
松戸　武彦	（南山大学）	
山田　信行	（駒澤大学）	
渡辺めぐみ	（龍谷大学）	

監　事

京谷　栄二	（長野大学）
鷲谷　　徹	（中央大学）

年報編集委員会

石井まこと	編集委員長
中囿　桐代	編集委員
兵頭　淳史	編集委員
渡辺めぐみ	編集委員

編集後記

　本号が発刊されている頃には、第196回国会に上程されてしまった過労死促進法案ともいうべき「高度プロフェッショナル制度」が国会を通過して労基法が改正されているのでしょう。震災で壁が倒れれば建築基準法は強化されていきますが、労働基準法は労災で尊い命がなくなっているのに基準は緩くなってしまいます。人の命よりも大切な経済などあるのでしょうか。今回の改正案に賛成した国会議員は、過労による労災の責を免れないものと考えます。ただし、都合が悪くなると記録が破棄される公文書管理のあり様。この記録も消されていくのでしょうか。ひどいとしか言いようがありません。

　今回の特集は「自律的労働」という一見、ポジティブで未来志向的な匂いのするキーワードに隠れている「消されようとしている労使関係」を炙り出したのではないでしょうか。その結果、現在展開している「自律的」な働き方は、一方的に上から作られる「他律的」な働き方の内実を覆い隠していることが分かります。今回も、こうした特集を出版することができて光栄です。

　また2017年は若手の優れた労働社会学研究が多く公刊された、実りの多い年でもありました。その結果、今回は書評の枠も従来より1本多く、6作品を編集委員会で推薦して、掲載しています。結果的にではありますが、特集の「自律的労働」を考える上で重要な書籍を並べることができています。

　今回は、投稿論文の応募がやや少なく、その論文も掲載までには至りませんでした。優秀な若手の労働社会学の研究者が排出されてきているなかで、本誌もその発表の舞台として選んでもらえるように、どのような働きかけが必要かについて、次期幹事会・編集委員長に伝えて参ります。

　こうしたことで若干ページ数が減っておりますが、「自律的労働」を問うという視点では統一感のあるものになったのではと委員会としては考えています。本誌が労働問題を考える多くの方の目に留まることを祈っています。

（年報編集委員長　石井まこと）

ISSN　0919-7990

日本労働社会学会年報　第29号
〈自律的〉労働を問う──労働者統制の現在と「働き方改革」の論点
2018年10月10日　発行

　　　□編　集　日本労働社会学会編集委員会
　　　□発行者　日本労働社会学会
　　　□発売元　株式会社 東信堂

日本労働社会学会事務局
〒150-0001　東京都渋谷区神宮前5-8-2
公益社団法人　日本看護協会　労働政策部
TEL　03-5778-8553
E-mail　yuka.omura@nurse.or.jp
学会HP　http://www.jals.jp

株式会社 東信堂
〒113-0023　文京区向丘1-20-6
TEL　03-3818-5521
FAX　03-3818-5514
E-mail　tk203444@fsinet.or.jp
東信堂HP　http://www.toshindo-pub.com

ISBN978-4-7989-1515-9　C3036

「日本労働社会学会年報」バックナンバー（22号以降）

新しい公共における労働とサービス
—日本労働社会学会年報㉒—
日本労働社会学会編

〔執筆者〕松尾孝一・櫻井純理・萩原久美子・井草剛・濱田英次ほか

A5／168頁／2000円　978-4-7989-0099-5　C3036〔2011〕

労働規制緩和の転換と非正規労働
—日本労働社会学会年報㉓—
日本労働社会学会編

〔執筆者〕白井邦彦・田中裕美子・宮本みち子・李旼珍・飯島裕子ほか

A5／208頁／2500円　978-4-7989-0157-2　C3036〔2012〕

「格差社会」のなかの労働運動
—日本労働社会学会年報㉔—
日本労働社会学会編

〔執筆者〕鈴木玲・呉学殊・田中慶子ほか

A5／136頁／1800円　978-4-7989-1209-7　C3036〔2013〕

サービス労働の分析
—日本労働社会学会年報㉕—
日本労働社会学会編

〔執筆者〕山根純佳・小村由香・木暮弘・鈴木和雄・中根多惠・筒井美紀・鈴木力ほか

A5／232頁／2500円　978-4-7989-1276-9　C3036〔2014〕

若者の就労と労働社会の行方
—日本労働社会学会年報㉖—
日本労働社会学会編

〔執筆者〕今野晴貴・伊藤大一・山崎憲・阿部誠・鎌田とし子・鎌田哲宏ほか

A5／216頁／2500円　978-4-7989-1330-8　C3036〔2015〕

「女性活躍」政策下の労働
—日本労働社会学会年報㉗—
日本労働社会学会編

〔執筆者〕金井郁・駒川智子・三山雅子・中囿桐代・筒井美紀・王昊凡ほか

A5／208頁／2500円　978-4-7989-1395-7　C3036〔2016〕

人口減少下の労働問題
—日本労働社会学会年報㉘—
日本労働社会学会編

〔執筆者〕今井順・木下武男・清山玲・高木朋代・丹野清人・宮本みち子・今野晴貴・鎌田とし子・鎌田哲宏ほか

A5／208頁／2500円　978-4-7989-1448-0　C3036〔2017〕

※　ご購入ご希望の方は、学会事務局または発売元・東信堂へご照会下さい。
※　本体（税別）価格にて表示しております。